Das Interpellationsrecht

im Rahmen der modernen Ministerverantwortlichkeit

Eine rechtsvergleichende Studie

Von

Julius Hatschek

Professor des Staatsrechts a. d. Kgl. Akademie zu Posen

(Veröffentlicht für die Geschäftsordnungskommission des Reichstags auf Wunsch ihres Vorsitzenden)

Leipzig

G. J. Göschen'sche Verlagshandlung

1909

Druck der Spamerschen Buchdruckerei in Leipzig

Berlin, am 9. Dezember 1908.

Herrn Professor Hatschek, Posen
z. Z. Berlin.

Hochverehrter Herr Professor!

Wie ich soeben erfuhr, sind Sie mit der Herausgabe eines Allgemeinen Staatsrechts auf rechtsgleichender Grundlage beschäftigt. Ich darf weiter annehmen, daß Sie darin auch die Interpellationen der Parlamente und die Verantwortlichkeit der Minister behandeln werden. Sie wissen, daß beide Fragen jüngst im deutschen Reichstage erörtert und einer Kommission überwiesen worden sind, deren Vorsitzender zu sein ich die Ehre habe.

Ich bin überzeugt, daß die Mitglieder der Kommission es dankbar begrüßen würden, wenn ihnen das von Ihnen gesammelte und verarbeitete Material so rechtzeitig zugänglich gemacht würde, daß es bei den am 15. Januar 1909 beginnenden Beratungen der Kommission benutzt werden könnte. Dies wäre um so wertvoller, als es sich bei Ihrer Arbeit um eine wissenschaftliche Untersuchung handelt, die aus einer Zeit stammt, zu welcher die Fragen des Interpellationsrechtes und der Kanzlerverantwortlichkeit noch nicht politisch aktuell geworden waren. Die Herausgabe Ihres ganzen Werkes so zu beschleunigen, daß es schon in den nächsten Wochen erscheinen könnte, ist Ihnen, wie ich begreife, unmöglich. Dagegen würde die Herausgabe des jene Spezialfragen betreffenden Teiles Ihrer Arbeit, etwa in Gestalt einer Broschüre, außerordentlich verdienstvoll sein und ich gebe mir die Ehre, Ihnen dafür schon im voraus aufrichtigen Dank auszusprechen, in der bestimmten Hoffnung, daß Sie meine Bitte erfüllen können.

Mit vorzüglicher Hochachtung

gez. Dr. Junck, M.d.R.

Inhaltsverzeichnis.

§ 1. Staatsform und Interpellation.

I. Die Monarchie

des modernen Großstaates hat überall das Streben, die ihrem Wesen zugehörige Bureaukratie in bestimmten Rechtsschranken zu halten, sie einem gewissen Kontrollapparat zu unterwerfen. Der Absolutismus versucht diesem Problem durch die nach Montesquieus Lehre gesicherte Trennung von Justiz und Verwaltung durch eine unvollkommene Verwaltungsgerichtsbarkeit und eine beschränkte Selbstverwaltung beizukommen. Die Unvollkommenheit der Lösung beseitigt die konstitutionelle Monarchie durch Einrichtung einer Volksrepräsentation, welche durch Beteiligung an der Rechtssetzung und durch das Institut der Ministerverantwortlichkeit jene Kontrolle der Bureaukratie besorgt. Die parlamentarische Monarchie sucht dann vollends die bureaukratische Verwaltung nicht bloß zu kontrollieren, sondern durch eine Verwaltungstätigkeit des Parlaments zu ersetzen. Diese Züge sollen im einzelnen dargelegt werden.

Zunächst prägt sich der Unterschied der monarchischen Staatsformen

1. in der *Rechtssetzung* aus. Daß der Monarch es ist, der das Gesetz formell in seinem Namen erläßt, ist allen Monarchien eigentümlich, nur das Organ zur Feststellung des Gesetzinhaltes ist in ihnen verschieden. Während in der absoluten Monarchie die Bureaukratie in Form eines Staatsrats und dergleichen hierbei tätig wird, ist es in der konstitutionellen Monarchie ebenso wie in der parlamentarischen das Parlament. Für die untergeordnete Gesetzgebung, insbesondere das, was man Verordnung nennt, tritt der Unterschied zwischen den drei Staatsformen der Monarchie besonders markant hervor. Das Idealbild der Dreiteilung der Staatsgewalt würde verlangen, daß, da die Rechtssetzung von der Verwaltung streng getrennt sein müßte, auch die Träger dieser Funktionen

scharf voneinander gesondert seien. Es müßten also die Verwaltung resp. ihre Organe niemals Rechtsetzung vornehmen und umgekehrt die Organe der Rechtsetzung niemals Verwaltungstätigkeit treiben. Allein die sogenannte Ökonomie der Staatsorganisation, die stets bestrebt ist, Organe, die sie schafft, auch mit entsprechender, ihre Zeit ausfüllender Tätigkeit zu versehen, verhindert, daß dies Idealbild erreicht wird. Aber noch ein anderer Umstand verhindert die Innehaltung dieses Idealbildes, nämlich die Tatsache, daß sowohl die Bureaukratie durch ihre Verwaltungsroutine als auch das Parlament durch seine parlamentarische Praxis über den oben gezeichneten Idealrahmen kraft der ihnen innewohnenden Expansivkraft hinausgehen und wechselseitig, jedes Organ in die Kompetenz des anderen, hinübergreifen. Am nächsten kommt dem Idealbild der Dreiteilungslehre in unserer Frage die konstitutionelle Monarchie. Sie ist zwar nicht in der Lage, die Träger der Verwaltung nur mit Verwaltungsaufgaben zu erfüllen, sondern überweist ihnen auch die Rechtsetzung, aber sie verlangt wenigstens für jede solche Rechtssetzung durch die Verwaltung eine gesetzliche Ermächtigung, das ist das Wesen der Rechtsverordnung. Die autokratische und die parlamentarische Monarchie gestatten sich Übergriffe über diesen Idealrahmen, der in ihnen nur unvollkommen verwirklicht ist, hinaus. Denn man vollführt hier Rechtsetzung auch ohne gesetzliche Ermächtigung. So ist es in Rußland der Ministerrat (komitiet ministrow), der Rechtsverordnungen ohne gesetzliche Ermächtigung erläßt und an Stelle des Staatsrats, der nach dem Gesetze zu Ausführungsverordnungen ermächtigt ist, solche einfach durch Usurpation setzt. Aber nicht bloß das Ministerkomitee, sondern auch jeder einzelne Minister übt hier mitunter usurpierte Rechtsetzung. Auf dem Wege der nicht gesetzlich ermächtigten Verordnung wird in die Rechte der Privaten eingegriffen (siehe Kovalevsky, Institutions politiques de la Russie, 1903, S. 237ff.). So wenn der Minister des Verkehrswesens Verordnungen erläßt, nach denen sich die Privateisenbahnen zu richten haben, oder der Unterrichtsminister im Verordnungswege regelt, wie private Unterrichtsanstalten einzurichten seien usw. Umgekehrt maßt sich in der parlamentarischen Monarchie das Parlament eine Rechtsetzung ohne den Monarchen an und übt eine rechtsverordnende Tätigkeit aus. So werden z. B. in England die Grundsätze für die Theaterzensur durch das Unterhaus genehmigt (siehe mein engl. Staatsrecht II, S. 550 A 1, über andere Rechtsatzanmaßungen des Unterhauses siehe mein engl. Staatsrecht I, S. 366f). Auch der Verfassungssatz, daß Richter der Reichsgerichte zum Unterhause nicht wählbar seien, galt durch zwei Jahrhunderte bis zur Judicatare Act von 1873 ohne gesetzliche Ermächtigung kraft Resolution des Unterhauses. Die Verwaltungstätigkeit des englischen Parlaments kraft Private Acts sei hier hervorgehoben, weil es sich hier um eine Tätigkeit handelt, die auf dem Kontinent, namentlich in der konstitutionellen Monarchie auf dem Wege der Verordnung oder Verwaltungsverfügung erfolgen würde (siehe darüber mein engl. Staatsrecht I, S. 517ff., 566ff.).

2. *Die Kontrollmittel der Verwaltung* sind in den verschiedenen Staatsformen der modernen Monarchie verschieden aus- und durchgebildet.

Was zunächst die Hauptkontrolle, die des Budgets und der Rechnungslegung betrifft, so hat sie in der konstitutionellen Monarchie ihren Zweck einerseits durch parlamentarische Prüfung der Einnahmen und Ausgaben und durch Aufstellung des Finanzplanes für das laufende Verwaltungsjahr in Form des Gesetzes, andererseits durch Rechnungslegung der obersten Staatsorgane vor dem Parlament, die Bureaukratie in ihrer Verwaltungstätigkeit zu überwachen. Namentlich auf dem Gebiete der Rechnungslegung tritt neben die sogenannte administrative, durch die Bureaukratie selbst bewirkte Rechnungslegung noch die parlamentarische. In der autokratischen Monarchie bleibt die Bureaukratie Alleinherrscherin sowohl in bezug auf die Budgetprüfung als auch in bezug auf die Rechnungslegung, welche hier nur rein administrativer Art ist. So erfolgte die Budgetaufstellung in Rußland durch den Staatsrat nach sorgfältiger Prüfung durch den Finanzminister und Generalkontrolleur. Die Rechnungslegung der einzelnen Minister für ihre Verwaltungszweige erfolgte seit dem Gesetze von 1842 gegenüber dem Staatsrat (siehe Korkunov russ. Staatsr. II, S. 100). Durch die Einrichtung der Duma hat sich dies geändert, indem nach § 31 des Organisationsgesetzes vom 21. Februar 1906 die Mitwirkung der Duma gesichert ist. In der parlamentarischen Monarchie ist hingegen die Budgetaufstellung und -Prüfung nicht mehr Kontrolle der Verwaltung, sondern selbst Verwaltungstätigkeit, indem das Parlament noch vor der Gesetzesvollendung des Budgets die Gelder für die laufende Verwaltung anweist resp. zurückhält, Änderungen der Finanzquellen auch während des Verwaltungsjahres vornimmt und so der gesetzlichen Feststellung des Staatshaushaltes (in England der Appropriationsakte) gewissermaßen nur die formelle Sanktion der durch das Parlament geübten Verwaltungstätigkeit überläßt. Freilich hat dieses Gesetz wie in der konstitutionellen Monarchie auch hier die Aufgabe, die gesetzliche Grundlage für die Staatsausgaben und die Rechnungslegung zu bilden. Aber diese Rechnungskontrolle ist, abgesehen von der auch hier bestehenden administrativen, eine parlamentarische, aber nicht bloß kontrollierende, sondern eigentlich verwaltende Tätigkeit, denn das vom Unterhause eingesetzte Committee of Public Accounts, das die vom Generalkontrolleur geprüften Rechnungen auch auf die Zweckmäßigkeit der gemachten Ausgaben prüft, übt hierbei eine verwaltende Tätigkeit aus, indem es so die Grundsätze, nach denen die einzelnen Verwaltungsstellen bei ihren Ausgaben vorzugehen haben, aufstellt.

Andere Kontrollmittel der Verwaltung sind in monarchischen Staaten mit Parlamenten die sogenannten geschäftsordnungsmäßigen, d. h. die durch die Geschäftsordnung des Parlaments gegebenen. In autokratischen Monarchien, wie z. B. in Rußland, hat der gesetzgebende Beirat des Monarchen, der Staatsrat, ebenfalls eine Geschäftsordnung, aber abgesehen von der Tatsache, daß diese jederzeit durch den Willen des Monarchen durchbrochen werden kann (Korkunov a. a. O. II, 103) hat sie einen einzigen Zweck, durch Wahrung bestimmter Geschäftsformen die Bureaukratie bei ihrer gesetzgeberischen Arbeit zu kontrollieren. Auch mit der Einrichtung der Duma hat sich dies nicht geändert. Das Allerhöchste Manifest vom 6. August 1905, das die Duma einführt, spricht davon, daß dem Bestande der höchsten Staatsbehörden noch ein besonderes gesetzberatendes Organ hinzugefügt wird. Die Geschäftsordnung, welche größtenteils in dem Gesetz über Bestätigung der Organisation der Reichsduma (vom 21. Februar 1906) enthalten ist, ist einseitig vom Monarchen erlassen. Ein Petitions- und Interpellationsrecht findet nur innerhalb der der Duma zugewiesenen Kompetenz statt

(§ 40 und § 33, 35ff. leg. cit.). Die Gesetzesinitiative, d. h. die Einbringung des Gesetzentwurfs kann nur durch die Regierung erfolgen (§ 57 leg. cit.) u. a. m.

Die Geschäftsordnung in der konstitutionellen Monarchie hat einen ganz anderen Zweck: den Weg der Gesetzgebung zu sichern und die Bureaukratie in ihrer Tätigkeit außerhalb des Parlaments zu kontrollieren. Dazu dienen hier die geschäftsordnungsmäßigen Kontrollmittel, insbesondere Petitionen, Interpellationen, Kommissionen und vom Parlamente eingesetzte Enqueten. Diese Geschäftsformen des Parlaments wachsen in der parlamentarischen Monarchie weit über den Rahmen eines Kontrollapparates hinaus. Sie bilden wichtige Mittel des Parlaments, durch welche es die Verwaltung an sich reißt, d. h., besser ausgedrückt, durch welche es die von seinem Willen abhängigen Minister zwingt, die vom Parlamente niedergelegten Verwaltungsgrundsätze zu respektieren und sich darnach zu richten.

Es ist klar, daß unter solchen Umständen das Institut der Ministerverantwortlichkeit in den verschiedenen monarchischen Staatsformen verschieden ausgebildet ist. In der absoluten Monarchie wird sie durch die bloße Verantwortlichkeit gegenüber dem Monarchen gegeben sein: „die Minister sind unmittelbar dem Monarchen unterworfen“ (§ 155 des russ. uczreschdenij ministerstw von 1811). Um diese Verantwortlichkeit dem Monarchen gegenüber zu sichern, sind von dem absoluten Staat eine Reihe von Kontrollmitteln, insbesondere gewisse Geschäftsformen, Kontrasignatur, Beisetzung von Siegeln usw. angeordnet. In Rußland bestand sogar bis zum Jahre 1842 eine gewisse Verantwortlichkeit auch gegenüber dem Staatsrat. Durch ein Gesetz von 1842 wurde jedoch diese Verantwortlichkeit, die übrigens als Norm nur eine lex imperfecta war, aufgehoben und zu einer Kontrolle der Rechnungslegung herabgedrückt. In der konstitutionellen Monarchie tritt neben die Verantwortlichkeit dem Monarchen gegenüber auch eine juristische Verantwortlichkeit gegenüber dem Parlament. In der parlamentarischen Monarchie ist sie zwar nicht ganz überflüssig, aber sie wird selten gehandhabt. Sie hat ihre Bedeutung hier vorwiegend darin, daß sie den obengenannten geschäftsordnungsmäßigen Mitteln der Verwaltungskontrolle Kraft und Sanktion leiht, gewissermaßen wie ein Damoklesschwert über den Häuptern der Minister hängt, wenn diese sich nicht die Abhängigkeit vom Parlamente gefallen lassen.

II. Die Demokratie.

Aus den durch die Puritaner in Neu-England gelegten Keimen der modernen Demokratie entwickelten sich ihre heutigen drei Formen; zuerst der amerikanische Typus, die von uns sogenannte gewaltentrennende Demokratie, dann die schweizerische Demokratie, die wir die unmittelbare nennen möchten, und schließlich der französische Typus, die parlamentarische Demokratie. Der unmittelbaren läßt sich die mittelbare oder Repräsentativdemokratie gegenüberstellen, welche entweder die gewaltentrennende oder die parlamentarische ist. Jeder der drei Formen stand ein Theoretiker als Pate zur Seite: der gewaltentrennenden Demokratie Montesquieu und der „Federalist", der parlamentarischen Demokratie Prevost-Paradol. Die unmittelbare Demokratie weist auf Rousseau zurück. Ehe wir die Unterschiede der drei Formen in der Praxis kennen lernen, wird es vielleicht von Nutzen sein, ihre Theoretiker zu Worte kommen zu lassen.

1. *Der „Federalist"*. Diese „Bibel des demokratischen Geistes", wie das Buch öfters genannt worden ist, besteht aus einer Reihe von Essays, die in öffentlichen Journalen (der erste am 27. Oktober 1787) zunächst erschienen, später aber in einer Ausgabe vereinigt wurden (erste Ausgabe von Hamilton 1788). Der erste Essay vom 27. Oktober führte schon den Titel: „The Federalist No. 1". Das Ganze behielt dann den Namen. Das Werk hat nicht einen, sondern gleich drei Verfasser, nämlich Hamilton, Madison, John Jay, die ihre Feder in den Dienst der Sache, das ist der Verteidigung des von der Konvention zu Philadelphia für die Vereinigten Staaten beschlossenen Verfassungsentwurfs stellten. Die Verteidigung wurde insbesondere vor dem Volke von Neuyork geführt, knapp vor Beginn der Staatslegislatur, die zur Ratifikation des Verfassungsentwurfs eine Verfassungskonvention einberufen sollte.

Daß man den Freistaat damals allenthalben in Amerika wollte, ist nach dem vorausgegangenen englischen Regime und seiner Art erklärlich. Aber man wollte den Freistaat, aufgebaut auf einer

Gewaltentrennung nach dem Rezepte von Montesquieu (siehe „Federalist“ Nr. 47ff.). Gewaltenhäufung in einer Hand ist nach Montesquien die Vernichtung der Freiheit. Wollte man diese aber auf ewige Grundlagen stellen, so ist die Gewaltentrennung nötig. Aber wie ist diese zu verstehen? Etwa so, daß keine der drei Gewalten, der legislativen, exkutiven und richterlichen, irgendwelchen Anteil oder irgendeine Kontrolle über die Akte der anderen besitzen dürfe? Keineswegs! antwortet darauf der „Federalist“. Die Gewaltentrennung soll nur die Bedeutung haben, daß keine Gewalt die Befugnisse der anderen vollkommen an sich reiße. Ein Anteil der einen an den Befugnissen der anderen (partial agency) ist nicht ausgeschlossen. Wie aber nun sich diese Gewaltentrennung sichern? Dadurch, daß man etwa jeder oder je zwei von ihnen zusammen das Recht des Appells an das Volk gebe? Das Mittel würde bald verbraucht sein, zudem verbürge es durchaus nicht, daß die Gewaltentrennung immer aufrechterhalten würde, da die exekutive und die richterliche Gewalt weniger Anhänger im Volke hätten als die legislative, schon deshalb, weil die Mitglieder der ersteren an Zahl geringer seien als die der letzteren, die mehr Freunde im Volke anwerben könnten. Im Falle des Appells, das ist der Volksabstimmung, würde die Legislatur immer als Siegerin hervorgehen. Ein zuverlässigeres Mittel der Durchführung der Gewaltentrennung wäre aber der Grundsatz, daß keine Gewalt bei der Ernennung der Träger der beiden anderen Gewalten mitwirken dürfe („Federalist“ Nr. 51: "It is evident that each department should have a will of its own, and consequently should be so constituted that be members of each should have as little agency as possible in the appointments of the members of the others"). Aus diesem Grunde wird auch die Bestellung des Präsidenten durch die Legislatur verworfen („Federalist“ No. 68 und 71), ebenso wie jede Abhängigkeit der Exekutive von der Legislatur. Das andere Mittel, die Gewaltentrennung durchzuführen, werde durch die Betrachtung aufgegeben, daß in jeder Republik die Legislatur am ehesten unter den drei Gewalten die Tendenz besitze, die Befugnisse der anderen Gewalten an sich zu reißen. Um dies zu verhindern, müsse man sie in zwei Kammern aufteilen, sodann aber die an sich schwächeren beiden Gewalten, die exekutive und die richterliche Gewalt, irgendwie verstärken. Die exekutive

Gewalt könne man bei gewissen Arten ihrer Verwaltungsakte durch die Verbindung mit dem schwächeren Teil der Legislatur (sc. dem Senate) in Verbindung treten lassen und ihr überdies ein qualifiziertes, d. s. suspensives Veto verleihen (Nr. 51 und 73). Die richterliche Gewalt erhalte das Recht, die Gesetze auf ihre Verfassungsmäßigkeit zu prüfen. Das gäbe ihr keine Superiorität über die gesetzgebende Gewalt, sondern besage nur, daß beide Gewalten einen Höheren („superior") anerkennen müßten, nämlich das Volk (Nr. 78). Die Gewaltentrennung nach Montesquieu, so für den Freistaat eingerichtet, ist der Mittelpunkt der amerikanischen Demokratie, die wir die gewaltentrennende nennen wollen.

2. *Rousseau.* In seinem „Contrat social" (zuerst erschienen 1763) geht er von einem Naturzustande aus, in dem jeder erwachsene Mensch der ungebundendsten Freiheit lebe. Um nun eine Nation zu begründen, sei das Eingehen eines Sozialvertrages nötig, der dem Naturzustande ein Ende bereite. Denn die sonst vortreffliche Natur der Menschen könne nicht die soziale Ordnung schaffen („ordre social"), die ein heiliges Recht („droit sarcé") und die Basis anderer Ordnungen (Liv. IV, Ch. 1) sei. Diese Sozialordnung könne nur durch Vertrag geschlossen werden („il est donc fondé sur des conventions").

Dieser Vertrag, der gewissermaßen dem einzelnen durch die Not aufgezwungen ist, muß einstimmig angenommen werden, und wenn die Klauseln des Vertrages verletzt würden, würde jeder seine ursprüngliche Freiheit wieder annehmen. Alle diese Klauseln reduzieren sich auf eine einzige, nämlich die Veräußerung, die jeder einzelne mit seinen Rechten an die Gesamtheit vornimmt; denn zunächst, indem jeder einzelne sich ganz hingibt, ist die Bedingung für alle gleich, und dann: ist einmal die Bedingung der Hingabe für alle gleich, so hat niemand ein Interesse, diese Bedingung den anderen schwerer zu gestalten. Eben deshalb kann aber die oberste Gewalt nur in einem sozialen Gemeinwesen, der Gesamtheit selbst wohnen, der Souverän nur aus den einzelnen, die das Gemeinwesen zusammensetzen, bestehen. Das Organ dieses Souveräns ist die volonté générale. Jede Repräsentativversammlung ist verwerflich, nur die Gesamtheit des Volkes selbst kann die volonté générale, die in der Gesetzgebung zum Ausdruck kommen muß, bilden. „Da die Souveränität nur die Ausübung des allgemeinen Willens ist, so kann sie nie veräußert werden, der Souverän, der ein Sammelwesen ist, kann nur durch sich selbst repräsentiert werden.... Der Souverän kann wohl sagen: ich will im Augenblick, was ein Gewisser will oder wenigstens zu wollen vorgibt, aber er kann nicht sagen: was ein Gewisser morgen wollen wird, werde ich auch wollen; denn es ist absurd, daß sich der Wille für die Zukunft soll Ketten anlegen können. Wenn das Volk einfach zu gehorchen verspricht, so löst es sich infolgedessen auf, es verliert seine Eigenschaft als Volk; mit dem Augenblick, da es einen Herrn gibt, gibt es keinen Souverän mehr, und der politische Körper ist alsdann zerstört" (Liv. II, Ch. 1). Verwirft Rousseau sonach jede Repräsentativverfassung, so erkennt er wohl so etwas, wie eine Trennung der Gewalten an, aber diese kommt ihm nicht aus der Befolgung Montesquieuscher Weisungen und einer damit verknüpften Koordination der drei Gewalten, sondern die Trennung ist ihm eine Folge der Subordination der exekutiven unter die allmächtige legislative Gewalt, die volonté générale. Die letztere soll nicht ihre allgemeinen Gesichtspunkte verlieren und deshalb nicht das Recht oder die Verwaltungstätigkeit im Einzelfalle ausüben, denn das Beschäftigen mit Einzelfällen würde sie in ihrer Würde herabsetzen (Liv. III, Ch. 1: „Il n'est pas bon que celui qui fait le lois les exécute, ni que le Corps du peuple détourne son attention des vues generales pour la donner aux objets particuliers"). Aus der Unterordnung der Exekutive unter die volonté générale folgt das Ein- und Absetzungsrecht der Beamten durch sie (Liv. III, Ch. 18: „Les dépositaires de la puissance exécutive ne sont point les maîtres du peuple, mais ses officiers; il peut les établir et les destituer quand il lui plait"). Das sind die Rousseauschen Grundlagen der unmittelbaren Demokratie.

3. *Prevost-Paradol* entwickelt in seinem Buche „La France Nouvelle, 1869" den Typus der dritten, der jüngsten Form moderner Demokratie: der parlamentarischen. Vorbild ist die parlamentarische Monarchie England, Ausgangspunkt aber das allgemeine Wahlrecht und die Volkssouveränität. Diese Demokratie herzustellen, d. i. daß das Volk sich selbst regiere nach dem Willen der größten Zahl und unter Aufrechterhaltung des Gesetzes der Majoritäten, das ist das Ziel (Ch. 1: „qu'elle soit en possession d'un gouvernement démocratique, en d'autres termes, que le peuple s'y gouverne lui-même,

selon la volonté du plus grand nombre et en observant la loi des majorités“). Das ist eben der charakteristische Unterschied zwischen der parlamentarischen Monarchie und der parlamentarischen Demokratie, daß bei der ersten die parlamentarische Regierung gewissermaßen das letzte Auskunftsmittel der Monarchie und des Monarchen ist, um sich in seinem ererbten Rechte zu erhalten, während bei der parlamentarischen Demokratie die parlamentarische Regierung als das Hauptmittel angesehen wird, die Volksfreiheit zu erhalten. Dort ist der Ausgangspunkt: das ererbte Monarchenrecht, hier die Volksfreiheit. Dort hat der Monarch das entscheidende letzte Wort, hier das Volk bzw. sein Stellvertreter: die Volkskammer. Deshalb will auch Prevost-Paradol dieser zweiten Kammer das „letzte Wort“ („dernier mot“) geben, er will sie gegenüber der ersten Kammer und der Regierung mit präponderierender Gewalt ausstatten. Er sagt (Ch. 3 des ersten Buches, S. 93): „Wenn das letzte Wort der Regierung zusteht, so ist die Volkskammer nur eine konsultative Behörde und der Despotismus ist etabliert ... Wenn aber das letzte Wort der Volkskammer zusteht, so ist es die Nation, die immer ihr Urteil modifizieren kann, indem sie ihre Repräsentanten durch allgemeine Wahlen ändert.“ Der Appell an das Volk spielt daher in der parlamentarischen Demokratie eine ungleich größere Rolle als in der parlamentarischen Monarchie. Hier ist er nur ein Auskunftsmittel, um eine Staatskrise zu überwinden, dort ist er eine ständige Einrichtung, um den Volkswillen zum obersten Richter bei Meinungsverschiedenheiten seiner Organe (Minister und Volkskammer bzw. Parlament) zu machen (S. 104: „rendre à la nation son libre arbitre et la mettre en demeure de se prononcer avec une souveraine indépendance sur la conduite de ses représentants“).

Um aber den Einfluß der Volkskammer wirklich so präponderierend zu gestalten, ist es notwendig, ihr allein das Absetzen und Neubestellen der Minister zu überlassen. Der Präsident des Ministerrats soll durch Wahl von der Volkskammer bestellt, ihr wahrer „leader“ werden.

Gegen diesen allmächtigen Einfluß (influence préponderante) der Volkskammer sind zwei Bollwerke aufzuführen: eine Erste Kammer, die als Interessenvertretung gegenüber der auf allgemeinem Wahlrechte ruhenden Volkskammer gedacht ist, und ein

„droit de dissolution“, das als kräftige Waffe dem von einem verantwortlichen Ministerium beratenen Staatsoberhaupt in die Hand gedrückt wird. Schwierig ist es nur, in einer Republik die Verantwortlichkeit des Staatsoberhauptes von der der Minister scharf zu sondern, doch kein unüberwindliches Hindernis (Buch I, Ch. 4). Vorzuziehen wäre ja eine Monarchie der Demokratie, da das „Auflösungsrecht“ dann ganz sicher unparteiisch gehandhabt würde, während in der Demokratie der Präsident nur gar zu oft Parteimann sei. Aber der Monarch läuft eben viel häufiger als der Präsident einer Republik Gefahr, sein eigener Premierminister zu werden, „devenir soi-même une sorte de premier ministre perpétuel et inamovible et disputer aux cabinets et au Parlament des lambeaux de pouvoir“ (Buch I, Ch. 5). Um diese „triste Ambition gewisser konstitutioneller Monarchen“ zu vermeiden, und weil der Staat mitunter durch die Macht der Tatsachen der Republik zugetrieben wird, muß man eben auch an die Möglichkeit einer parlamentarischen Demokratie denken und sie, wie zuvor dargelegt, einrichten. „Es will uns allerdings scheinen, daß dann ein wichtiger Bestandteil der politischen Maschine fehlt; wir suchen mit Augen voll Bedauern diese Erscheinung des Volkstribunen, der unter dem Namen König die Volksvertretung beobachtet, um sie sofort vor die Volkskomitien zu schicken, wenn er sie für drückend hält oder auf dem Wege der Bedrückung begriffen sieht („afin de la renvoyer devant les comices populaires aussitôt qu'il la croit oppressive ou engagée sur le chemin de l'oppression“); aber wenn auch die Republik keinen Raum hat für diesen nützlichen Magistrat, so ist sie nichtsdestoweniger, wenn sie einmal existiert, eine sehr annehmbare Verfassungsform und sehr würdig treuer Unterstützung und sichern Respekts aller guten Mitbürger (bons citoyens)“.

Im Gegensatz zu den beiden vorhergehenden Formen der Demokratie ist — wie wir sehen — die parlamentarische nicht auf einer Trennung der Gewalten, sondern eher auf einer Konfusion derselben aufgebaut. Insbesondere werden die sehr mächtigen Minister durch die noch mächtigere Volkskammer gewählt. Jener Grundsatz, den die gewaltentrennende Demokratie aufstellt, daß bei einer wahren Trennung der Gewalten die Legislative niemals an der Bestellung der Exekutiven beteiligt sein dürfe, wird hier in bezug auf die

Ministerbestellung und -absetzung vollständig preisgegeben. Das Buch von Prevost-Paradol ist eine der wichtigsten Unterlagen der heutigen Verfassungsform Frankreichs geworden.

Wie gestalten sich nun diese Theorien in der Praxis? Wie sind die Unterschiede in den charakteristischen Instituten jeder der drei Formen der Demokratie ausgeprägt?

Die drei Formen der Demokratie in der Staatspraxis sind in folgender Weise ausgestaltet:

Allen Demokratien liegt das Prinzip der Volkssouveränität zum Grunde, d. i. der Grundsatz, daß die Endentscheidung in allen wichtigen Staatsaktionen vom Volke gegeben wird, während in der Monarchie der Monarch das sogenannte „dernier mot“ hat. Neben diesem allgemeinen Prinzip treten aber noch markante Unterschiede der drei Formen auf.

1. Die unmittelbare Demokratie ist diejenige, in welcher das Volk selbst und nicht durch Delegierte die wichtigsten Staatsfunktionen in Gesetzgebung und Verwaltung ausübt, wo insbesondere die gesetzgeberischen Funktionen und manche Akte der Verwaltungstätigkeit durch das Referendum dem Volksentscheid zugeführt werden; die Exekutive Dienerin (agent) der Legislatur ist.

2. Die repräsentative Demokratie nennen wir diejenige, in welcher die wichtigsten Staatsfunktionen durch Repräsentanten des Volkes vollführt werden. Diese Form der Demokratie kann

a) die gewaltentrennende sein, wo Regierung und Volksvertretung nach dem Prinzipe der Trennung der Gewalten vollständig voneinander unabhängig sind, die Minister nicht im Parlament sitzen, wo das Ministerkabinett nicht als Ausschuß des Parlaments die Kontrolle und Leitung der Volksvertretung hat, ihr deshalb auch nicht verantwortlich ist, sondern nur von dem Chef der Exekutive abhängt, oder

b) die parlamentarische Demokratie, wo die Gewaltentrennung nicht durchgeführt ist, wo vielmehr Regierung und Parlament miteinander durch ein der Parlamentsmajorität entnommenes Ministerkabinett verbunden sind.

Die unmittelbare Demokratie ist heute in der Schweiz, im Bund, aber noch mehr in den Kantonen verwirklicht, die gewaltentrennende Demokratie ist im Norden und Süden Amerikas zu Hause, die parlamentarische Demokratie wird durch Frankreich, durch Venezuela, St. Domingo und Chile vertreten. In Venezuela dürfen zwar die Minister während ihrer Amtsdauer keinem der beiden Häuser des Kongresses angehören. Das gleiche gilt in St. Domingo und Haiti. Trotzdem muß man auch diese Republiken zu den parlamentarischen zählen. Denn in Venezuela zwingt ein Mißtrauensvotum der Volkskammer das Ministerium zum Abtreten (Art. 34, Abs. 1 der Verfassung von 1904). In Haiti hat die Staatspraxis seit jeher, insbesondere aber nach der Staatskrise von 1897 das parlamentarische Regime anerkannt (siehe Soubies et Carette, Régimes politiques, I, 1906, S. 47f.). Auch in St. Domingo ist die parlamentarische Regierung in Funktion, die Kammer richtet an sieben Staatssekretäre die Interpellationen, verlangt von ihnen Berichte (Art. 62 der Verfassung vom 20. Juni 1896) und macht sie verantwortlich, selbst wenn sie im Auftrage des Präsidenten gehandelt haben, der übrigens mit ihnen zur Verantwortung gezogen werden kann (Art. 60: „y seran responsables de ellos, aunque reciban orden escrita del Presidente, quien por este hecho queda también responsable").

Aus diesen verschiedenen Formen der Demokratie ergeben sich verschiedene Bedeutungen des Interpellationsrechtes; ganz ausgeschlossen ist es in der gewaltentrennenden Demokratie. Hier haben die Minister nicht einmal Zutritt in der Legislatur. Infolgedessen haben die Interpellationen auch keine Bedeutung, wie z. B. in den Vereinigten Staaten. Anders steht es schon in der unmittelbaren Demokratie, z. B. in der Schweiz. Die Exekutive gilt als Dienerin der Legislatur, an deren Sitzungen sie teilnehmen kann, wovon sie also nicht ausgeschlossen ist. Infolgedessen hat sich hier ein Interpellationsrecht gut entwickeln können. So finden wir demnach auch das Interpellationsrecht sowohl im Ständerat als auch im Nationalrat anerkannt [1]).

Es ist im allgemeinen nach dem Muster eingerichtet, das wir auch sonst noch in der modernen Staatenwelt kennen lernen werden; nur besteht die Antwortpflicht der Mitglieder des Bundesrates.

---

[1]) Art. 22 des Bundesgesetzes vom 9. Oktober 1902. Die Interpellation muß im Ständerat von mindestens 3, im Nationalrat von mindestens 10 Mitgliedern unterstützt werden; eine Debatte im Anschlusse an die Interpellation ist nur zugelassen, wenn die Versammlung dem zustimmt.

Ein weitgehendes Interpellationsrecht besteht in der parlamentarischen Republik (insbesondere in Frankreich), die, wie wir wissen, der englischen Monarchie nachgebildet ist.

Das Ebengesagte gilt allerdings nur von den Idealtypen. Übergänge von dem einen Typus in den andern finden sich natürlich; insbesondere ist es interessant, wie das Interpellationsrecht sich in gewaltentrennenden Republiken durchzusetzen versteht, was zur Genüge für seine Bedeutung spricht.

Wir finden hier bei sonst vollständiger Einhaltung des gewaltentrennenden Typus folgende Übergangsformen:

Die Minister dürfen mit den Kammern in Verbindung treten, während der gewaltentrennende, streng amerikanische Typus es verbietet oder höchstens schriftlichen Verkehr zwischen ihnen zuläßt. Nur solches gestattet z. B. die Verfassung von Brasilien (Art. 51: „Os Ministros de Estado não poderão comparecer ás sessões do Congresso e sóse communicarão com elle por escripto"). Weiter gehen andere Verfassungen, welche den Ministern gestatten, im Parlamente zu erscheinen und Rede und Antwort zu stehen, wenn sie interpelliert werden (z. B. Verfassung von St. Domingo Art. 62: „Los Secretarios de Estado estarán obligados á dar todos los informes escritos ó verbales que se les pidan por el Congreso"). Noch weiter gehen andere Verfassungen, welche den Ministern gestatten, zur Verteidigung der von ihnen eingebrachten Gesetze (so Haiti, Art. 117) oder sogar jederzeit im Parlamente zu erscheinen und an den Beratungen teilzunehmen (Art. 76 der Verfassung von Guatemala: „Los Secretarios de Estado pueder concurrir á las sesiones de la Asamblea y tomar porte en sus deliberaciones"). Auch die Anteilnahme an den Debatten ohne Stimmrecht wird ihnen gestattet, entweder ohne weiteres (Art. 84 der Verfassung von Nicaragua: „y tomar participación en los debates pero sin volo"; ähnlich Costa-Rica, Art. 110) oder nur dann, wenn es ihnen die Legislatur im Einzelfalle kondeziert (so in Peru, Art. 103: „Concurrirán, igualmente, á la discusión, siempre que el Congreso do cualquiere de las Cámeras los llame"). Schon sehr nahe dem parlamentarischen Regime kommt eine Verfassung, die unbedingte Antwortpflicht auf Interpellationen vorschreibt. Mitunter sind Interpellationen betreffend den Krieg und auswärtige Angelegenheiten ausgenommen (so in

Honduras, Art. 93), mitunter auch diese nicht, und die Legislatur kann auch die Beantwortung solcher Interpellationen verlangen: die Minister müssen dann antworten. Dies schreibt die Verfassung von Nicaragua vor (Art. 184: „En este caso el Ministro puede escusar la respuesta cuando se trate de asuntos de Guerra ó de Relaciones Exteriores, de carácter reservado: la Assamblea tomará en consideración la excusa, y si no la juzgase admisible, obligará al Ministro á responder").

Außer den Interpellationen ist es auch die Zensur, die zuweilen die Brücke von der gewaltentrennenden zur parlamentarischen Demokratie baut. Man kann das Übergehen des gewaltentrennenden Typus in den parlamentarischen an einzelnen Entwicklungsstadien deutlich wahrnehmen. Ganz allgemein schreibt solche Zensur die Verfassung von Kolumbia dem Kongresse zu (Art. 78, Ziff. 3: „Dar votos de applauso ó censura respecto de actos officiales"). Dicht an die Grenze des parlamentarischen Regimes kommt Kolumbia, wo eine politische Zensur der Volkskammer über die politischen Handlungen des Ministers ausgeübt wird. Aber eine wirkliche parlamentarische Regierung ist es noch nicht, denn diese Zensur soll „keinen andern Zweck haben, als eine Modifikation der politischen Aktion, welche die Exekutive vorhat, zu bewirken". (Art. 73: „Las Cámaras pueden á iniciativa de sus respectivos miembros, acordar la censura de los actos de mera politica del Ejecutivo, dirigiéndola contra los Ministros de Estado, separada o conjuntamente según el caso, con el solo fin de obtener una modificación en el procedimiento politico"). Also ein Rücktritt der Minister kann noch nicht durch jene Zensur erzwungen werden.

Den fortgeschritteneren Typus zeigt erst Venezuela. Wirkliches parlamentarisches Regime ist hier erreicht, da zwar die Minister keiner der beiden Kammern als Mitglieder angehören dürfen (Art. 45), aber vor einem Mißtrauensvotum der Deputiertenkammer weichen müssen (Art. 34, Abs. 1: „Dar voto de censura á los Ministros del Despacho, y por esto hecho quederán vacantes sus puestos").

Da diese Zensur sich als Mißtrauensvotum zu erkennen gibt, erscheint sie bei ihrem Zusammenhang mit dem Interpellationsrecht ganz besonders geeignet, die Wichtigkeit desselben selbst für die gewaltentrennende Demokratie zu kennzeichnen.

§ 2. Frankreich.

I. Geschichtliche Entwicklung.

Schon die französische Constituante erklärte am 21. Juli 1791 in einem Dekrete, daß die Minister zu allen Sitzungen zugelassen werden müssen, um stets bereit zu sein, die Anordnungen der Versammlung entgegenzunehmen, und die nötigen Aufklärungen (renseignements nécessaires) zu geben. Die Geschäftsordnung der Legislative, die aus dem französischen Verfassungswerke von 1791 hervorgegangen ist, bestimmte:

> „Wenn die Minister in der Versammlung anwesend sind, so kann kein anderes Mitglied als der Präsident eine direkte Interpellation an sie richten, aber die von einzelnen Mitgliedern gewünschten Aufklärungen werden von dem Präsidenten vorgeschlagen, welcher darüber die Genehmigung der Versammlung einholt, um zu wissen, ob sie die Antwort des Ministers wünscht oder nicht."

Damit war praktisch das Interpellationsrecht in Frankreich eingeführt[1]). Bis zum Jahre 1830 blieb aber trotzdem das Interpellationsrecht auf sehr schwacher Grundlage, so daß daneben auch als Surrogat die alljährlich als Antwort auf die Thronrede gerichtete Adresse verwendet wurde, so wie dieses in Spanien, wie wir bald sehen werden, bis zum Jahre 1847 der Fall war. Wichtige Gegenstände der Politik wurden als Punkte dieser Adresse mit zur Beschlußfassung erhoben und bei der Gelegenheit Interpellationen der mannigfachsten Art vorgebracht. Daß ein Ministerium über eine einzelne Frage während der Session gestolpert wäre, war unmöglich, sondern schon bei der Adresse entschied sich das Schicksal jedes Ministeriums. Auf die Weise hatte jedes Ministerium, wenn es die Debatte über die Adresse hinter sich hatte, einen gesicherten Boden. Vom Jahre 1830 ab beginnen die Interpellationen regelmäßig zu werden. Zuerst machte der Abgeordnete Mauguin vom Interpellationsrecht Gebrauch und vertrat mit Energie den Grundsatz, daß die Kammer das Kabinett immer interpellieren dürfe. Er hatte

---

1) Siehe Pierre, Traité de droit politic, pag. 791 u. Hervieu, Les ministres, leur rôle et leurs attributions dans les différents états organisés. Paris 1893, pag. 512ff.

Erfolg und seit der Zeit blieb die Interpellation auch während der Session ein Mittel, um die Verantwortlichkeit der Minister zur Geltung zu bringen. Bemerkenswert ist aber, daß in der ersten Zeit, ja bis zum Jahre 1848, die motivierte Tagesordnung im Anschluß an die Interpellationen, die gewissermaßen das Schicksal des Kabinetts besiegelt, sehr selten vorkam. In der Zeit von 1830 bis 1848 hatten bloß drei Interpellationen diese für ein Ministerium schwere Folge. In dieser Zeit wurden die Interpellationen gestellt, aber es bestand keine Norm der Geschäftsordnung für sie. Nur vermöge der Praxis wurde ein gewisses Verfahren beobachtet. Im Jahre 1834 entschied die Volkskammer, daß eine doppelte Autorisation der Interpellation nötig sei, nämlich die zur Stellung der Interpellation und dann die Fixierung des Termins für die Debatte. Die Constituante von 1848 übte ein weitgehendes Interpellationsrecht aus, aber auch deren Geschäftsordnung schwieg über den modus procedendi. Erst die Geschäftsordnung der Legislative vom Jahre 1849 verfügte, daß Interpellationen schriftlich formuliert dem Präsidenten überreicht werden müssen, daß die Versammlung ohne Debatte über den Tag der Diskussion beschließen müßte und daß die Diskussion durch eine motivierte Tagesordnung geschlossen werden könnte. Im Jahre 1852, mit Einführung des absolutistischen Regimes in Frankreich, wurde das Interpellationsrecht ganz beseitigt; nur eine Form, die uns bekannte Form der Adresse zur Geltendmachung von Interessen, welche sonst durch Interpellationen befriedigt wurden, erhielt sich. Dieses Surrogat wurde 1867 beseitigt und das Interpellationsrecht wieder eingeführt[1]), aber nur in sehr beschränkter Form. Vor allem konnte die Interpellation nur mit einfacher Tagesordnung enden oder mit einer Verweisung der Angelegenheit an die Regierung, doch in letzterem Falle nur dann, wenn 5 Mitglieder wenigstens die Interpellation unterzeichnet hatten. Auch mußte in diesem Falle die Prüfung der Interpellation durch die Abteilungen stattfinden. Den Bericht der Abteilungen konnte die Versammlung nicht annehmen und auch deshalb keinen Tag für die Interpellation bestimmen, wenn nicht in der gesetzgebenden Körperschaft mindestens 4, im Senat 2 Abteilungen ihre Zustimmung erteilt hatten (§§ 3 und 4 des Dekrets vom 19. Januar 1867). Im

[1]) Siehe Esmein, Droit constitutionel, 2. Aufl., 1899, S. 728.

Jahre 1869 wurde das Interpellationsrecht mehr ausgedehnt. Der Art. 7 des senatus-consulte vom 8. September 1869 sagte:

> „Jedes Mitglied des Senats oder der gesetzgebenden Körperschaft hat das Recht, eine Interpellation an die Regierung zu richten, motivierte Tagesordnungen können angenommen werden; sie müssen dann an die Abteilungen zurückverwiesen werden, wenn es die Regierung wünscht. Die Abteilungen ernennen eine Kommission, auf deren Bericht hin die gesetzgebende Versammlung darüber entscheidet.“

Dementsprechend nahm die Geschäftsordnung des corps législatif die Bestimmung von 1849 wieder auf und modifizierte sie nur insofern, als sie die Rückverweisung an die Abteilungen im Sinne des senatus-consulte anordnete. Der Bericht der Kommission, die von den Abteilungen ernannt war, über die motivierte Tagesordnung hatte bei der Beratung vor allen Gegenständen den Vorzug.

Das heutige französische System zur Geltendmachung der Ministerverantwortlichkeit hat drei Abstufungen. Die schärfste Form ist die der Ministeranklage, zu der es aber nur in ganz schweren Fällen der Gefährdung des Staatswohles kommt[1]: das Schwert, das über den Ministern hängt, aber gewöhnlich in der Scheide steckt. Minder stärkere Form, zu der gewöhnlich gegriffen wird, um die Minister zum Abgang zu zwingen, ist die Interpellation mit daraufforgender motivierter Tagesordnung (ordre du jour motivé), die schwächste Form, mit der gewöhnlich das um und auf der parlamentarischen Regierung bestritten wird, ist die einfache Anfrage (question). Hervorzuheben ist, daß dieses Mittel, Ministerverantwortlichkeit geltend zu machen, ein Produkt erst der neuesten Zeit seit 1870 ist. Das Kunstvolle und Vorbildliche des französischen Systems liegt nun darin, daß diese Mittel der Ministerverantwortlichkeit fein abgestuft sind, das schwerere nicht früher zur Anwendung kommt, als bis das minder stärkere versagt. Der zweite Gesichtspunkt, von welchem aus das französische System besonders wertvoll und vorbildlich erscheint, ist, daß in diesem System besonders drei Gesichtspunkten Rechnung getragen wird, die alle auf Berücksichtigung Anspruch haben.

---

[1] Siehe Esmein a. a. O.

Der erste Gesichtspunkt ist, daß dem Parlamente, also insbesondere der Deputiertenkammer und dem Senat Gelegenheit gegeben ist, von dem Minister Rechenschaft zu verlangen und den Einfluß auf die innere und äußere Politik des Staates zu nehmen.

Der zweite Gesichtspunkt ist der, daß das einzelne Individuum sein Recht auf Interpellation, insbesondere dann gewährleistet findet, wenn das Individuum Sprachrohr nicht der Majorität, sondern der Minorität ist. Es ist auf den ersten Blick klar, wie schwierig es ist, beide Gesichtspunkte harmonisch auszugestalten; denn wo die Majorität Anspruch auf Geltendmachung ihrer Interessen hat, da muß eigentlich die Minorität zum Schweigen gebracht werden und trotzdem soll ihr ja gerade auch Gelegenheit zum Reden gegeben werden.

Der dritte Gesichtspunkt ist, der Regierung bzw. dem Minister bei aller Wahrung der Rechte des Parlamentes dennoch die Möglichkeit zu geben, ihren Standpunkt zu vertreten, mit andern Worten: das audiatur et altera pars auch im Interesse der Regierung wahrzunehmen. Wie dieses System im einzelnen harmoniert, wie namentlich diese widersprechenden Gesichtspunkte harmonisch vereinigt werden, ist die Kunst der Franzosen und es soll nun der Versuch gemacht werden, die Art zu schildern, wie sie dieses tun.

II. Das droit des questions.

Seit 1870 besteht es erst in dem heutigen Umfange. Der Hauptunterschied zwischen Question und Interpellation liegt darin, daß die erstere eine formlose Anfrage an die Regierung ist und nur vom Präsidenten gestellt wird, wenn der Minister im voraus die Absicht kundgibt, auf diese Question zu antworten. Der Präsident stellt nicht eher die Question, als bis er sich dieses Consentement — dieser Zustimmung — des Ministers versichert hat. Nun könnte man ja einwenden, das ist gar kein Zwang gegenüber den Ministern, zu antworten: ja freilich, wenn nicht die stärkere Waffe der Interpellation dem Minister drohen würde. Denn gibt der Minister nicht seine Zustimmung dazu, daß die Frage gestellt wird, so muß er gewärtig sein, daß bei nächster Gelegenheit die Interpellation sofort herbeigeführt werden kann, die eine für ihn tragischere Wendung als die bloße Beantwortung einer Question nehmen könnte. Der

Gegenstand der Fragen (questions) ist gar nicht beschränkt. Man kann den Minister über alles mögliche fragen und er wird über alles mögliche antworten müssen, wenn er das Verfahren der Interpellation vermeiden will. Die Fragen werden niemals auf die Tagesordnungen gesetzt und es geht auch gar nicht an, im vornherein einen bestimmten Zeitpunkt der Beantwortung festzusetzen. Alles hängt vom guten Willen und der Bereitwilligkeit des Ministers in dieser Hinsicht ab. Da sie nicht auf die Tagesordnung gesetzt werden dürfen, so können die Questions auch von der Tribune aus an irgendeinem anderen Tage angekündigt werden als an demjenigen, an dem der Minister es für gut findet, auf sie zu antworten. Nichtsdestoweniger kann der Präsident, wenn der Minister dem zustimmt, ein Datum fixieren. Dieser Punkt ist besonders wesentlich für die Questions, weil, wie wir später hören werden, bei der Interpellation die Fixierung des Datums, ganz unabhängig von dem Willensschluß des Ministers, einfach nur durch Willensschluß des Parlaments festgesetzt wird. Fragen dieser Art können zu Anfang oder zum Schluß jeder Sitzung gestellt werden; dadurch wird verhindert, daß die gesetzgebenden Körperschaften in ihren anderen Arbeiten gestört werden.

Ein anderer Unterschied zwischen Questions und Interpellations besteht darin, daß erstere summarisch gestellt und beantwortet werden müssen, ohne Zulassung einer Debatte, während bei den Interpellationen die Debatte das Wesentliche ist. Bei der Question hat nur der Fragesteller zu reden und darauf der Minister, worauf der Fragesteller allein — kein anderes Parlamentsmitglied — das Recht der Replik hat; damit ist die Sache erledigt. Jede Question kann in eine Interpellation umgewandelt werden, was namentlich dann nötig wird, wenn außer dem Fragesteller noch Dritte an den Ausführungen des Ministers interessiert sind. Damit eine Frage in eine Interpellation umgewandelt wird, genügt es nicht, daß das anfragende Mitglied oder der interessierte Minister dieses Verlangen mündlich stellen. Das anfragende Mitglied muß den Antrag dazu schriftlich formulieren und die Kammer muß ihre Zustimmung zur Transformation erklären. Die Umwandlung einer Question in eine Interpellation kann sich bis zu dem Augenblicke immerhin vollziehen, wo das fragende Mitglied seine Frage entwickelt. Inbezug auf Zurückweisung solcher umgewandelter Fragen gilt dasselbe, was über die Zurückweisung der Interpellationen gilt, ob und wann diese möglich sind, werden wir dann später hören. Umgekehrt kann eine vertagte Interpellation niemals in eine einfache Question umgewandelt werden; denn besäße das Mitglied des Parlaments ein solches Recht, dann hinge es von seinem Willensschluß ab, die Entscheidung der Geschäftsordnung, daß Vertagung stattfinde, zu annullieren. Das Haus besitzt nämlich das Recht, Interpellationen auch auf die Dauer eines Monats zu vertagen, was, wie wir bald sehen werden, ein Schutz gegen hastige und überflüssige Interpellationen ist. Im Laufe der Budgetdebatte können Questions zu jeder Zeit nicht bloß am Anfange oder Ende der Sitzung gestellt werden, es genügt, wenn sie in dem Augenblick an den Minister gestellt werden, da gerade sein Verwaltungszweig zur Beratung steht. In diesem Falle ist es auch nicht nötig, die vorherige Zustimmung des Ministers einzuholen. Auch besteht für den Fall der Fragen während der Budgetdebatte keine Beschränkung der Replik, wie dieses im Falle der einfachen Frage sonst zutrifft. Die Antwort auf die darauffolgende Erklärung des Ministers braucht nicht summarisch zu sein, auch können noch andere Mitglieder dem Minister antworten. Die Gründe, welche diese freie Fragestellung während der Budgetdebatte rechtfertigen, ist zunächst die Tatsache, daß die Prüfung des Budgets durch die Volksvertreter ebenso vollständig als nach allen Richtungen klar gestellt sein muß. Keine Schranke darf dem Recht der Budgetkontrolle des Parlaments entgegengesetzt werden. Der zweite Grund ist, daß bei der Budgetdebatte der Minister niemals überrascht werden kann durch Fragen, wie dies bei anderen Fragen zutrifft. Alle Vorgänge, die sich auf das Budget beziehen, alle Materialien sind ja zur Stelle.

III. Das droit des interpellations.

Nicht die Autorisation des Interpellationsinhaltes, aber die Fixierung des Datums zur Beantwortung der Interpellation ist der Grundstein des französischen Interpellationsrechtes, insofern als sie eine wichtige Garantie gegen eine überflüssige und allzuhastige Interpellation bedeutet. Jede Interpellation muß dem Präsidenten in schriftlicher Form eingereicht werden. Mündliche Bitten, um interpellieren zu dürfen, gibt es nicht. Dieser Wunsch der Interpellation, der schriftlich zu formulieren ist, muß summarisch den Gegenstand der Interpellation bekannt geben; der Präsident gibt dann der Kammer davon Kenntnis. Wir wollen nun der Reihe nach jene Schutzmittel kennen lernen, welche gegen allzu hastiges Interpellieren gegeben sind. Zunächst sei bemerkt, daß in Frankreich nicht jenes Schutzmittel besteht, das man im deutschen Reichstage und in anderen Staaten hat, nämlich die Notwendigkeit der Unterstützung der Interpellation durch eine Reihe anderer Mitglieder. In Frankreich bedarf es solcher Unterstützung zur Einbringung einer Interpellation nicht; es kann sogar eine Interpellation verlangt und schriftlich formuliert werden im Namen eines abwesenden Mitgliedes und das Mitglied, das sie ursprünglich formuliert hat, kann später an der Debatte über die Fixierung des Tages auch teilnehmen.

Ein weiteres wichtiges Schutzmittel ist, daß der Präsident ein umfassendes Kontrollrecht darüber hat, daß die Interpellation nicht verfassungswidrig oder injuriös sei, d. h. Interpellationen dürfen niemanden beleidigen, dürfen nicht persönlich sein. Interpelliert kann sonst über alles werden, was eben nicht verfassungswidrig ist.

Wie weit das Interpellationsrecht in Frankreich geht, mag daraus erhellen, daß nicht bloß Verwaltungsakte, sondern auch Akte der Rechtsprechung immer Anlässe zu einer motivierten Tagesordnung geben können; allerdings verpflichtet ein solches Votum der Kammer keineswegs die verwaltenden Beamten und Richter, aber immerhin kann es auf den Gang der Verwaltung einen großen moralischen Einfluß ausüben.

Der Präsident hat insbesondere kein Zurückweisungsrecht der Interpellation, auch wenn er der Ansicht ist, daß sie gesetzwidrig ist, nur wenn sie verfassungswidrig ist; aber selbst dann, wenn sie verfassungswidrig ist, steht ein Apell an die Kammer stets offen. Die Entscheidung des Präsidenten ist also nicht infallibel[1]). Eine fernere Garantie gegen unzweckmäßige, überflüssige und hastige Interpellationen besteht in der schon von mir genannten Autorisation, die die Fixierung des Termins im Auge hat. Die Kammer ist nicht verpflichtet, ein Datum zur Diskussion der

[1]) Siehe Pierre a. a. O., S. 793ff.

Interpellation schon in dem Augenblick zu fixieren, wo die Interpellation dem Präsidenten überreicht wird. Sie kann die Fixierung auf spätere Tage hinausschieben. Um nun einen Termin für die Diskussion herbeizuführen, beginnen die sogenannten debats sur la fixation du jour. Sie dürfen nicht eine Debatte sur le fond sein, d. h. sie dürfen nicht den Gegenstand der Interpellation vorwegnehmen, sie müssen sich summarisch nur auf die Wahl des Tages beschränken. Das erste Wort hierbei hat die Regierung. Die Regierung muß sich dazu äußern, welcher Tag ihr genehm ist; sie kann es tun; tut sie es nicht, dann entscheidet die Kammer aus eigener Initiative. Ein Minister hat ja auch z. B. das Recht, im allgemeinen zu erklären, daß er auf die Interpellation keine Antwort geben wolle; das hindert aber den weiteren Verlauf einer Interpellation keineswegs. Die Kammer besitzt sogar das Recht, einen Tag zu bestimmen, wenn das interpellierende Mitglied mit dem Minister darüber einverstanden ist, daß eine Vertagung der Interpellation stattfinden solle; darin besteht eben das Recht der Kammer auf die Interpellation, losgelöst von dem Recht des Mitglieds auf die Interpellation. Die Abstimmung über die Fixierung des Tages erfolgt durch Erheben von den Sitzen im Senat, ein sehr praktischer Vorgang. In der Kammer vollzieht sich dieser Vorgang weniger praktisch, nämlich durch gewöhnliche Zählung. Nehmen wir nun an, daß die Kammer gar nicht den Tag der Diskussion bestimmen will, dann kann sie die Interpellation längstens auf die Dauer eines Monates vertagen; dann muß diskutiert werden, das ist der Schutz des Individuums und der Minorität vor Vergewaltigung durch die Majorität. Nur Interpellationen, die die äußere Politik betreffen, können auf unbestimmte Zeit vertagt werden.

Freilich einen bedeutenden Schutzwall gegenüber Verunglimpfungen durch die Majorität bedeutet dieser Zeitraum von einem Monat deshalb nicht, weil die Kammer jederzeit als souveräne Herrin fällige Interpellationsdebatten noch weiter hinausschieben kann und noch sehr oft hinausschieben muß, weil die Knappheit der der Beratung von gesetzgeberischen Arbeiten gewidmeten Zeit es verlangt.

Man kam nun auf den Ausweg, der Minorität gewissermaßen einen Ersatz dadurch zu bieten, daß man mindestens einen Tag der Woche Interpellationen widmete. Anfangs geschah dieses in negativer Weise, so im Jahre 1897, als durch Beschluß der Kammer[1]) der Montag, Dienstag und Mittwoch der gesetzgeberischen Tätigkeit gewidmet wurde, woraus sich als faktische Folge ergab, daß die Sonnabende Interpellationen gewidmet waren. In der folgenden Legislatur war es durch ähnliche Maßregel der Freitag. Erst im Jahre 1900 bestimmte die Kammer in der Sitzung vom 31. Mai ausdrücklich, daß der Freitag den Diskussionen über Interpellationen gewidmet sein solle. Freilich hinderte diese Resolution die Kammer keineswegs, den Freitag auch für andere Arbeiten zu bestimmen, wenn dieses absolut notwendig war. Doch wurde solches nur vorgenommen, wenn sämtliche Mitglieder mit dieser Ausnahme einverstanden waren, sonst wurde der Freitag als den der Interpellationen geweihte Tag immer beobachtet. Im Jahre 1904 aber wurde in der Sitzung vom 18. März die Frage angeschnitten, ob, wenn man den Freitag den Interpellanten entzöge, die Kammer nicht dadurch in Widerspruch mit den Bestimmungen des Reglementes käme, welche ausdrücklich die Interpellationen innerhalb eines Monates diskutiert wissen wollten. Der Abgeordnete Gauthier brachte den Entwurf einer Resolution ein, wonach die Kammer die Überzeugung ausspräche, daß das Bureau stets die Rechte der Minorität wahren würde. Dadurch sollte verhindert werden, daß die Kammer ausnahmsweise den Freitag den Interpellanten entzöge. Der Präsident erkannte die Berechtigung der Resolution an und die Kammer stimmte den Worten des Präsidenten zu. Freilich blieb die Schwierigkeit nach wie vor bis auf den heutigen Tag ungelöst[2]). Auf der einen Seite will man das Recht der Minorität nicht verletzen, auf der anderen Seite häufen sich die Interpellationen in so erschreckender Zahl, daß es nicht immer möglich ist, den in der Fixierung des Zeitpunktes für die Diskussion der Interpellationen gelegenen Schutz der Minorität auch immer zu beobachten. Damals machte der Präsident Brisson, da er den vorhin erwähnten Antrag Gauthier als berechtigt anerkannte, den Vorschlag, daß eine einmal für Freitag eingetragene Interpellation nicht wieder abgeändert werden dürfe,

[1]) Siehe Annales de la Chambre des députés. Session de 1897, Bd. I, S. 918.
[1]) Siehe Pierre a. a. O., supplement 1906, S. 337ff.
[2]) Siehe Pierre a. a. O., S. 338ff.

sogenannte Inscription ferme[1]). Nur ist bis jetzt nichts dergleichen erfolgt.

Und nun der Schutz des Ministers gegen Vergewaltigungen durch die Interpellanten. Er hat die Materialien nicht gleich zur Stelle und soll unbedingt antworten müssen, antworten müssen mit der Wirkung, daß es sich um Sein oder Nichtsein handelt. Davor schützt die Geschäftsordnung. An und für sich könnte die Diskussion der Interpellation sofort nach der Einreichung stattfinden, aber die Kammer ordnet dieses nur dann an, wenn die Majorität der sofortigen Beantwortung zustimmt; ist das nicht der Fall, dann müssen eben die Fixierungen, die fixations du jour, erst vorgenommen werden. Mehrere Interpellationen, die einen ähnlichen Gegenstand betreffen, können, und darin besteht ebenfalls ein Schutz des Parlaments gegen Obstruktionspolitik der Minorität, zu einer einzigen Debatte vereinigt werden und vereinigte auch wieder getrennt werden. Dies letztere ist namentlich dann der Fall, wenn die einzelnen Interpellationen verschiedene Zwecke im Auge haben, die eine den Abgang des Ministeriums herbeiführen soll, die andere nicht.

Die letzte Garantie gegen überhastetes Vorgehen bietet die Vorschrift, daß die Interpellation, die mit einer ordre du jour motivé, d. h. mit einer motivierten Tagesordnung, schließen soll, nicht eher zum Abschluß gebracht werden darf, als bis diese motivierte Tagesordnung genau formuliert dem Präsidenten eingereicht ist. Sehr wichtig ist diese Bestimmung deshalb, weil diese genaue Formulierung der Tagesordnung eine Kuhhandelpolitik während der Debatte über die Interpellation verhindert. Es ließe sich der Fall denken, daß ein kleines Häuflein von Abgeordneten, das gar keine geschlossene Politik, sondern nur die Politik von Freibeutern und Erpressern übt, daherkommen würde und sagte: Wir stimmen für die motivierte Tagesordnung oder gegen dieselbe, wenn du, Minister, uns das oder das nicht gibst. Umgekehrt könnten dieselben Parteien sich an die Partei des Interpellanten wenden und sagen: Wir helfen euch heute den Minister zu Fall bringen, wenn ihr uns dieses und jenes konzediert. Solchem Kuhhandel ist durch das Verlangen einer schriftlichen Formulierung der ordre du jour vorgebeugt; in neuester Zeit wird auch ein Amendement zu einer motivierten Tagesordnung, namentlich dann

[1]) Siehe Revue du droit public. vol. 21 p. 137.

abgelehnt, wenn die Tagesordnung die Formel enthält: repoussant toute addition, d. h.[1]): wir bringen die Tagesordnung ein, verweigern aber jeden Zusatz. Freilich ist durch diese Vorschriftsmaßregel eine Kuhhandelpolitik nur während der Debatte, nicht aber vorher ausgeschlossen; allein der Hauptzweck soll ja der sein, hastiges Interpellieren und Losschlagen auf den Minister während der Debatte zu verhindern. Kuhhandelpolitik im allgemeinen kann natürlich keine Geschäftsordnung der Welt verhindern. Die motivierte Tagesordnung darf man sich nicht bloß durch ein Mißtrauens- oder Vertrauensvotum erledigt denken, das ist nur der Schlußpunkt. Eine motivierte Tagesordnung gibt auch die Gründe des Mißtrauens an und die Majorität stellt dadurch Verwaltungsgrundsätze fest, die die Majorität und das Ministerium in der Folge binden[2]). Aber auch wenn die motivierte Tagesordnung zu einer Vertrauenskundgebung Veranlassung gibt, trifft das gleiche zu; auch diese Motive binden das Parlament in seiner Stellungnahme gegenüber der Regierung und diese selbst.

Jede Interpellation muß mit einer motivierten Tagesordnung oder mit einer einfachen ordre du jour enden. Mitunter kommen im Anschluß an eine Interpellation 20—25 ordres du jour und noch mehr vor, von denen man keine einzige erledigen kann, weil sich das Haus für keine derselben entscheiden will. Da ist es die Kunst der parlamentarischen Macher, die Stimmung des Hauses zu erkunden, und in der Redaktion der ordre du jour jene Schwierigkeiten zu beseitigen, welche die Annahme der ordre von der einen oder anderen Parteigruppe verhindern könnten. Im guten Sinne kann sich aber das Talent eines solchen Redakteurs der ordre du jour bewähren, der es mitunter zu einer Virtuosität bringt[3]). Die ordre du jour, welche ein Vertrauensvotum enthält, hat folgende Fassung:

„L'assemblée confiante“ ... oder „approuvante ... passe à l'ordre du jour.“

Ein Mißtrauensvotum hat notwendig den Fall des Ministeriums zur Folge und hat dann z. B. folgende Form:

---

[1]) Siehe Pierre a. a. O., S. 810.
[2]) Fälle zitiert Pierre a. a. O., S. 815, Anm. 6.
[3]) Siehe Hervieux a. a. O., S. 528.

„La Chambre invite le gouvernement à céder la place à d'autres ministres."

Meist aber ist dieses Mißtrauensvotum nicht so scharf, sondern drückt nur die Anschauungen der Kammer aus, daß sie von der Verwaltung die Befolgung gewisser Grundsätze erwarte. So legt die Kammer ihre Verwaltungsmaxime gewissermaßen dem Kabinette auf. In solchen Fällen hat die ordre du jour folgende Form:

„La Chambre donnant acte" oder „la Chambre convaincue que tel ministre ou tel Cabinet" ... oder „la Chambre invitant" oder „la Chambre persuadée que le ministère tiendra les engagements" oder „la Chambre considérant que le ministère ne saurait ... etc."

Da es sich bei solchen motivierten Tagesordnungen meistens um Festsetzung von Verwaltungsmaßregeln handelt, und nicht immer ein Rücktritt des Ministeriums beabsichtigt ist, so kann sich mitunter der Fall ergeben, daß das Kabinett sich infolge einer motivierten Tagesordnung zurückziehen will, ohne daß die Kammer dieses für notwendig hält, ohne daß die Kammer mit dieser ordre du jour ein Mißtrauensvotum ausdrücken wollte. Dann kann die Kammer, um den Rücktritt des Ministeriums zu verhindern, eine ordre du jour interprétatif sofort in der Sitzung beschließen, welche Erläuterungen zu der früheren motivierten Tagesordnung gibt[1]). Der gewöhnliche Modus procedendi, wenn mehrere motivierte Tagesordnungen eingebracht sind, ist der, daß die Freunde der Regierung eine motivierte Tagesordnung einbringen, die der Genehmigung der Regierung bzw. des Kabinettes unterbreitet wird. Nimmt das Kabinett die von den Freunden eingebrachte ordre du jour an, so bedeutet das für sie, daß sie mit dieser ordre du jour steht oder fällt. Bei dieser Gelegenheit hat dann die Regierung die Möglichkeit zu konstatieren, wie stark sie ist, da ja ihre Anhänger sämtlich für ihre Tagesordnung stimmen werden. Aber das Mißliche ist eben auch, daß die Regierung für den Fall, daß die motivierte Tagesordnung durchfällt, unwiderruflich demissionieren muß.

Wenn deshalb die Regierung ihrer Sache nicht sicher ist, wenn sie überhaupt keine kompakte Majorität hinter sich zu haben glaubt,

---

[1]) Siehe Pierre a. a. O., S. 810.

dann wird sie sich wohl mit einer einfachen Tagesordnung zufrieden geben müssen. Eine einfache Tagesordnung hat, wie wir wissen, den Vorrang vor jeder motivierten Tagesordnung. Ihre Annahme bedeutet also für das Ministerium ein Ledigwerden aller lästigen motivierten Tagesordnungen, aber anderseits hat sie wieder den Nachteil, daß eine solche einfache Tagesordnung der Regierung gar keine moralische Stütze gibt. Das Ministerium kann nur durch sie ein ungefähres Urteil bekommen, wie weit es auf Anhänger innerhalb des Hauses rechnen kann, und mitunter sind schon einfache Tagesordnungen eine Warnung für die Regierung, ihre Sache für nicht gar zu sicher zu halten. Trotz dieses Nachteiles kommen bei der immer wachsenden Kontrolle des Parlaments die einfachen ordre du jour, die weder ein Vertrauens- noch ein Mißtrauensvotum ausdrücken, immer mehr und mehr in Gebrauch[1]). Wenn eine einfache Tagesordnung durchgeht, so sind natürlich alle eingebrachten motivierten Tagesordnungen hinfällig, aber ehe dieses der Fall ist, kommen sie zur Kenntnis des Hauses. Der Präsident muß sie immer zur Verlesung bringen[2]) und die Debatte erstreckt sich natürlich auch über die ganze Interpellation, so auch über die einzelnen motivierten Tagesordnungen. Dringt die einfache Tagesordnung nicht durch, dann muß der Präsident alle motivierten Tagesordnungen, die nicht zurückgezogen sind, zur Verhandlung und Abstimmung bringen, selbst in dem Falle, wenn das Ministerium infolge der Verweigerung der einfachen Tagesordnung seine Demission eingereicht haben sollte[3]). Dieses umfassende Interpellationsrecht hat Vorteile und Nachteile. Die Nachteile werden selbst von den Franzosen nicht verkannt. Einer der hervorragendsten Kenner des französischen Rechtes, Esmein, sagt:

> „daß die Minister im Gedränge der Interpellationen sehr oft Mühe haben, bedeutende Gesetzesprojekte in Ruhe zu überdenken und den Kammern vorzulegen.“

Auch macht er auf die durch die motivierte Tagesordnung sehr oft herbeigeführten Ministerwechsel, die nur durch eine Überraschung der Kammer möglich sind, aufmerksam[4]). Trotzdem hat dieses Inter-

---

[1]) Siehe Hervieu a. a. O., S. 529.
[2]) Siehe Pierre a. a. O., S. 807.
[3]) Siehe Pierre a. a. O., S. 810.
[4]) Siehe Esmein a. a. O., S. 728.

pellationsrecht auch seine bedeutenden Vorteile, und nicht der geringste ist der, daß dadurch eine eingehende Kontrolle der Verwaltung und Direktion der Verwaltungstätigkeit durch die Kammer möglich ist. Zutriffend sagt Pierre über dieses Interpellationsrecht:

> „Toutefois il ne faut pas oublier que les interpellations n'ont pas seulement pour but de juger le passé, mais aussi d'indiquer au Gouvernement la ligne de conduite que la majorité entend lui voir suivre dans l'avenir."

Also die Interpellation hat nicht bloß das Recht, die Vergangenheit zu kritisieren, sondern auch der Regierung neue Wege für ihre Tätigkeit in Zukunft zu weisen. Und deshalb wird in Frankreich trotz der Schattenseiten das Interpellationsrecht niemals aufgegeben werden. Es ist ein Kontrollmittel der Majorität gegenüber der Regierung und ein Schutz der Minorität gegenüber Vergewaltigungen durch die Hauptvertreter der Majorität, das ist die Regierung.

§ 3. England[1]).

Die heute in England herrschenden Normen über die Ministerverantwortlichkeit sind teils juristischer Natur und gehören ihrer Entstehung nach dem Mittelalter an, teils parteikonventioneller und sind modern.

I. Die Voraussetzungen der mittelalterlichen Ministerverantwortlichkeit.

Die mittelalterliche Verwaltungstätigkeit unterscheidet sich in einem wesentlichen Punkt von der modernen Verwaltung: sie ist vorwiegend Kanzleiverwaltung, d. h. sie vollzieht sich in ein für allemal feststehenden, festgewordenen Kanzleiformen: Diplomen, Freiheitsbriefen (Chartae), Patenten (literae patentes), geschlossenen Briefen (literae clausae), einfachen Briefen u. a. m. Die moderne Verwaltung individualisiert und sieht in der Individualisierung jedes einzelnen Verwaltungsaktes ihren besonderen Vorzug. Was wird nicht alles mit der einfachen Verwaltungsverfügung erledigt?! Aber im Mittelalter stehen ein für allemal bestimmte Kanzleiformen fest. Der oberste Verwaltungsträger, heiße er nun König oder wie am Aus-

---

1) Siehe mein engl. Staatsr. Bd. I, S. 374, 395ff.; Bd. II, S. 64ff.

gange des Mittelalters Staatsrat (Privy Council), gibt den Gedanken an, der zum Verwaltungsakt führt, der Verwaltungsakt wird durch das Kanzleipersonal, worunter der Lord-Kanzler und der Staatssekretär inbegriffen sind, gesetzt. Das Auseinanderfallen von nominellem Träger der Verwaltung und dem eigentlichen Verwaltungsaktssetzer ist der mittelalterlichen Verwaltung nicht bloß in England, sondern auch auf dem Kontinente besonders eigentümlich. Dieser mittelalterlichen Verwaltung entspricht eine eigenartige Ministerverantwortlichkeit. Die mittelalterliche Ministerverantwortlichkeit, die schon 1389 klar erfaßt war, hatte zwei Handhaben ihrer Geltendmachung. Einmal die rechtliche Notwendigkeit, daß jede Emanation des Privy Council, insbesondere jedes Konzept einer solchen (Minute) schon im 14. Jahrhundert von den daran beteiligten Privy Councillors unterschrieben sein mußte. Die andere Handhabe war die Notwendigkeit der Beidrückung verschiedener Siegel, und manche ehrenwerte Kanzler weigerten sich, die Verantwortlichkeit für den Verwaltungsakt, den sie zu besiegeln hatten, zu übernehmen. Gerade die oben geschilderte Art der mittelalterlichen Verwaltung als Kanzleiverwaltung verlangte und gestattete namentlich diese zweite Handhabe der Ministerverantwortlichkeit.

Die ältere von beiden Handhaben ist die Notwendigkeit der Unterschrift der Privy Councillors auf dem von ihnen verfertigten Konzept der Verwaltungsverfügung (Minute). Jemehr sich aber seit Heinrich VI. die Kanzleiverwaltung in den Händen des Staatssekretärs oder des Lord Privy Seal (der Bewahrer des kleinen Siegels) konzentrierte, je bureaukratischer sie also wurde, desto mehr wurde die andere Handhabe benützt, nämlich die Beidrückung verschiedener Siegel, wobei sich die Inhaber und Verwalter dieser Siegel gegenseitig kontrollierten.

Immerhin verschwindet jene erste Handhabe nicht ganz. Sie tritt nur schon mit Heinrich VI. in den Hintergrund, denn wir hören, daß 1423 anläßlich des Erlasses einer neuen Geschäftsordnung für den Staatsrat der Clerk des Privy Council angewiesen wird, die anwesenden Lords in Protokoll anzuführen. Daraus geht klar hervor, daß das Unterzeichnen der „Minutes“ außer Brauch kommt und daß man auf ein anderes Mittel, die Verantwortlichkeit zu konstatieren, verfällt, nämlich die Aufführung der Privy Councillors mit ihrem Namen im

Protokoll durch den Clerk, ein Modus, der sich bis auf den heutigen Tag erhalten hat.

Für die Konzepte (Minutes) kam also die Notwendigkeit der Unterschrift außer Brauch, für die vielen Originalemanationen des Privy Council, Orders, Private Bills, Proklamationen usw. erhielt sie sich, da wir ihr noch zur Zeit des Lord Coke, also im 17. Jahrhundert, begegnen.

So ist es auch kein Wunder, daß in den Zeiten der letzten Stuarts, insbesondere unter Karl II., als die Kabalen von „Favoritministern" vorherrschen, die Commons dringend bitten, man möge nicht unverantwortliche Kabinettsminister, die dem Rechte nicht bekannt seien, walten oder verwalten lassen, sondern zur alten Verantwortlichkeit der „Privy Councillors" zurückkehren. Die Warnung an Karl II., „the Humble Petition and Advice" von 1682, spricht die Bitte aus, daß keine Verwaltungsmaßregel von Bedeutung Wirksamkeit haben sollte ohne Zustimmung und Unterschrift des größten Teils der Mitglieder des Staatsrats.

Die Act of Settlement (1701) wiederholte ungefähr diese Bestimmung (Art. III).

Sie wurde aber unter der Königin Anna wieder aufgehoben. Es hatte sich nämlich in der Zwischenzeit auch als vollkommen unpraktisch erwiesen, die alte mittelalterliche Ministerverantwortlichkeit wieder aufleben zu lassen. Lord Sommers, der Kanzler und die übrigen Minister zur Zeit des ersten Teilungsvertrags (1698) von Loo, wurden im April 1701 (nach dem Erlasse der Act of Settlement) angeklagt, weil sie es versäumt hatten, sich betreffs der Vertragsbestimmungen mit den übrigen Staatsräten (Privy Councillors) auseinanderzusetzen, Lord Sommers speziell deshalb, weil er das große Siegel ohne solche Beratschlagung beigedrückt hatte. Dem Lord Sommers machte es keine Schwierigkeit zu zeigen, daß er durch königlichen Warrant dazu ermächtigt gewesen und daß er sonst gar keinen Rat dem König gegeben hätte. Die Schwierigkeit, diesen letzten Punkt mit Hilfe der alten mittelalterlichen Verantwortlichkeit nachzuweisen, zeigte sich nun offenkundig und der Nachweis mißlang. Die ganze Kanzleiverwaltung paßte nicht mehr auf die modernen Verhältnisse. Daher hatte auch ihr Institut der kanzleimäßigen Ministerverantwortlichkeit Sinn und Leben verloren (s. H. D., vol. 130, p. 382).

Jene oben bezeichnete Bestimmung der Act of Settlement, welche sie verfügte, wurde 1705 durch Gesetz wieder aufgehoben. Aber der andere Grundsatz der Geschäftsroutine des Privy Council von 1423 — wie wir hörten —, nämlich: daß alle vom Clerk in einer Sitzung als anwesend bezeichneten Staatsräte für die darin vorkommenden Geschäfte und Ratschläge verantwortlich seien, ist noch heute rechtens (Anson II., p. 49 und Lord Russell in Hans. Deb. 130, p. 386f.). Es ist eines der Rudimente mittelalterlicher Ministerverantwortlichkeit, das auch in unsere Zeit hineinragt. Wir werden ihr als heute geltendes Recht noch in Schweden und Norwegen begegnen.

Die andere Handhabe der mittelalterlichen Beamtenverantwortlichkeit, nämlich die Verwendung von verschiedenen Siegeln, ward schon unter Heinrich VI. eingeführt.

Heinrich VIII., der diese bureaukratische Ministerverantwortlichkeit jener durch Kollektivunterschrift offenbar vorzog, erhob den Satz der Verwaltungsroutine durch Gesetz zum Rechtssatze (27 Heinrich VIII. c. 11), wonach jeder wichtige Vergebungsakt (grant), dem das große Siegel beizudrücken war, veranlaßt werden mußte durch königliches Handschreiben unter königlichem Handzeichen, gerichtet an den Staatssekretär. Von diesem hatte dann der Auftrag an den Lord Privy Seal, in Form eines Warrant unter den nötigen Siegeln, insbesondere unter königlichem „Signet" zu ergehen. Der Lord Privy Seal hatte den Auftrag, mittels Beidrückung des Privy Seal die Urkunde an den Lord-Kanzler weiterzugeben, worauf der Verwaltungsakt durch Beidrückung des großen Siegels seine Perfektion erhielt. Dieser Vorgang hatte und hat, wie wir nochmals hervorheben, nicht bloß Beurkundungsfunktion, sondern auch die Aufgabe, den Beweis für die Ministerverantwortlichkeit herzustellen. Wie wenig dies wohl in der neueren Zeit glücken mochte, zeigte der Fall des Lord Sommers, dem man, trotzdem er das große Siegel beigesetzt hatte, mit der alten Ministerverantwortlichkeit nicht beikommen konnte, weil, wie wir oben hörten, der Nachweis, daß er wirklich den König bei jenem Verwaltungsakt beraten hätte, durch die bloße Tatsache der Beidrückung des großen Siegels noch nicht als erbracht angesehen wurde. So sehr hatten sich eben die Anschauungen geändert!

Heute nur noch Rudiment mittelalterlicher Verwaltungspraxis, war dieses Institut der siegelmäßigen Verantwortlichkeit zur Zeit Lord Cokes als der Gipfelpunkt staatsmännischer Weisheit mit den Worten gepriesen (2 Inst., p. 556): „Such is the wisdom of prudent antiquity that whatsoever should pass the Great Seal should come through so many hands, to the end that nothing should pass the Great Seal that is so highly esteemed and accounted of in Law, that was against Law or inconvenient.“ Und Blackstone (II. Comm., p. 346) stimmt ihm zu.

II. Die moderne Ministerverantwortlichkeit.

Dieselbe ist durch den Parteikonventionalismus geschaffen und besteht daher nicht aus Rechtssätzen, sondern aus Normen der „guten parlamentarischen Sitte“, die der Parteisitte.

Die moderne — oder wie wir sie, weil sie auf Parteisitte ruht, nennen wollen — konventionelle Ministerverantwortlichkeit ist eine doppelte: der Krone und dem Parlament gegenüber. Mitunter kann aber diese doppelte Ministerverantwortlichkeit, die gewöhnlich zur Befriedigung beider Herren ausfällt, dazu führen, daß der eine Herr den Minister nach der einen, der andere nach der entgegengesetzten Seite zieht. Zu diesem Zwecke ist als Auskunftsmittel von der Parteisitte der „Appeal to the people“ erdacht.

Die Verantwortlichkeit gegenüber der Krone interessiert uns hier in einer Abhandlung über das parlamentarische Interpellationsrecht nicht. Ich verweise auf die Ausführungen in meinem englischen Staatsrecht (Bd. II., S. 79ff.).

Die Ministerverantwortlichkeit dem Parlament gegenüber kommt hier für uns in Betracht, weil es zu untersuchen gilt, wie das Interpellationsrecht in den Rahmen dieser Verantwortlichkeit hineinpaßt.

Als Grundsatz der Staatsratpraxis tritt das Prinzip der Ministerverantwortlichkeit schon im Mittelalter auf. Dies bezeugt die bekannte Rechtsparömie: „Der König kann nicht Unrecht tun“, die schon dem Mittelalter angehört. Ihr Korrelat ist dann der Grundsatz, daß, weil der Monarch nicht Unrecht tun kann, dieses Unrecht seinen Ministern oder Ratgebern imputiert werden müßte. Wir finden dies schon zu einer Zeit ausgesprochen, da von dem Kabinett noch lange nicht die Rede war. In den Parlamentsverhandlungen, die der Bill of Rights vorangehen, finden wir (debate et large 1688, p. 83) den Satz: „But if every Trangression or violation of the Law by the Princes Commance or Command were such a Breach of the Fundamental Laws or would suffer an abdication, then were it in vain to call any of his Ministers or offices to account for any such action. Then the Action is the Kings and not theirs, and their execution the Maxim of the King's not doing Wrong."

Diesen Grundsatz der Privycouncilroutine hat die Parteiregierung aus der alten Rüstkammer hervorgeholt und zu einem Grundsatz der Parteisitte gemacht.

Was den Gegenstand parlamentarischer Ministerverantwortlichkeit bildet, läßt sich wohl kaum aufzählen. Ein solcher Versuch müßte aus demselben Grunde scheitern, aus welchem der Versuch, die einzelnen Pflichten der Staatsdiener gegenüber dem Staatsoberhaupt aufzuzählen, seit jeher vergeblich erscheinen mußte. Denn was Gerber trefflich von dem deutschen Staatsbeamten in seinem Verhältnis zum Staatsoberhaupt sagt (Grundzüge, S. 115): „Er übernimmt nicht die Verpflichtung zu einer Summe einzelner Leistungen, sondern unterstellt für Zwecke des Amts seine ganze Persönlichkeit der Verfügung des Staatsoberhauptes", das muß man auch vom englischen Minister in seinem Verhältnis zum Parlament sagen. Auch dieses letztere nimmt jenen ganz in Anspruch und erfüllt ihn mit jener allgemeinen Treuverpflichtung, die sich nicht in eine Summe von Einzelpflichten auflösen läßt und die man kurz als „loyalty" gegenüber dem Parlament bezeichnet (Gladstone, Gleanings I. 243). Diese „loyalty" oder Treupflicht wird dem Parlament, richtiger aber der herrschenden Partei geschuldet. Dieser dient man als Kabinettsminister in erster Linie, wenngleich man als Privy Councillor dem Könige zur unbedingten Treue verpflichtet ist. Die Treupflicht gegenüber dem Parlament wird bloß durch die Parteidisziplin erzwungen, die aber nicht weniger kräftig wirkt, als in unserer kontinentalen Auffassung die Beamtendisziplin, die der Monarch über die Staatsdiener handhabt. Wie sehr der Vergleich der englischen parlamentarischen Ministerverantwortlichkeit mit der kontinentalen Beamtendisziplin zutrifft, geht am besten daraus hervor, daß es Sache des Parlaments ist, für den Fall, daß ein verantwortlicher Departementschef seine

Amtstätigkeit vernachlässigen oder dem Amte fernbleiben wollte, diesen sogleich zur Verantwortung zu ziehen, wenn davon offiziell Kenntnis genommen wird. (Fall des Lord Russell H. D., vol. 137, p. 336, 419ff., 1405, 1415, 1503, 1785, 1791, 1951, Fall des Mr. Childers im Jahre 1871 H. D., vol. 204, 297, 455, 1505).

Als Mittel, diese Verantwortlichkeit zur Geltung zu bringen, sind von der Parteisitte hauptsächlich folgende vorgeschrieben:

1. Die sogenannten Explanations, das sind Aufklärungen, welche der Minister insbesondere auf vorangegangene Fragen gibt.

Die Fragen (questions), sind in England ein Produkt der neuen Zeit, wohin sie unter französischem Einflusse eingeführt wurden.

Die früheste Aufzeichnung einer Frage findet sich in den Verhandlungen des Oberhauses anno 1721. Da ward der damalige Premier, Earl of Sunderland darüber interpelliert, ob eine Person, gegen die das Oberhaus ein Strafverfahren einzuleiten beabsichtigte, auch wirklich verhaftet worden sei (Parl. history VII. 709). Im Unterhause finden wir zur Zeit des jüngeren Pitt häufig an diesen Minister gerichtete Fragen (Parl. Debates 1808 vo. X. 1171). Doch kommt die moderne Art der Frage, welche allem anderen Parlamentgeschäft, dieses unterbrechend, vorzugehen pflegt, erst zu Anfang der 30er Jahre auf, und zwar wird durch Parteicourtoisie dieser Vorgang anfangs eingeräumt (Mirr. of Parl. 1830, p. 1449). Im Jahre 1835 erschienen die ersten Questions auf der offiziellen Tagesordnung. Im Jahre 1847 machte ein Blaubuch, das über die damalige Geschäftsordnung berichtete[1]), auf den „Unfug" aufmerksam, daß durch Vertagungsanträge jede beliebige Frage aufgeworfen werden könne, ohne daß dazu der bisherige Gegenstand der Verhandlung Veranlassung gegeben hätte. Die erste offizielle Anerkennung des modernen Interpellierens findet sich in einem Handbuch der „rules and orders" des Sprechers von 1854, einer Sammlung von Präzedenzfällen und Entscheidungen des Sprechers in Fragen der Geschäftsordnung des Unterhauses. Die Rule 1854 enthielt die Bestimmung: „Vor Eintritt in das gewöhnliche Beratungsgeschäft sind Questions zugelassen, die an die Minister der Krone gerichtet sind und öffentliche Angelegenheiten betreffen." Daß damit nur eine An-

---

[1]) Siehe Parl. Papers 1847/48, vol. 16, p. 141ff.

erkennung der Parteisitte, nicht aber eine Rechtsregel ausgesprochen werden wollte, geht, abgesehen von dem höchst unverbindlichen Charakter eines solchen „Handbuches“ auch aus der Tatsache hervor, daß hier von „ministers of the crown“ die Rede ist, welche bekanntlich die Rechtsterminologie nicht „kennt“. Jedenfalls aber war durch die Parteisitte die Frage damals anerkannt und hat sich seit dieser Zeit auch so bis auf den heutigen Tag erhalten, nur daß das Recht zu solchen Fragen (oder wie sie bezeichnend heißen „questions to members“), jetzt durch Standing Order 9 ausdrücklich anerkannt und zum größeren Teile wenigstens geregelt ist. Danach gilt nun folgendes:

Die Absicht, eine Frage einzubringen, wird von dem betreffenden Abgeordneten im Unterhaus durch Übergabe der schriftlich formulierten Frage an den Clerk des Hauses bekannt gegeben. Zugleich soll der Name des Fragers sowie der Tag, an dem er die Antwort wünscht, auf jenem Schriftstück angegeben sein. Auch hat er, wenn er ausdrücklich mündliche Antwort des Ministers wünscht, das Schriftstück mit einem Stern zu bezeichnen. Der Clerk des Hauses hat auch zu prüfen, ob die Frage im Einklange mit jenen Normen steht, welche die Unterhauspraxis für den Inhalt von Fragen herausgebildet hat. Der Konventionalismus oder die Parteisitte bestimmt nämlich, daß die Frage vor allem nur solche Dinge enthalte, die absolut nötig sind, um sie verständlich zu machen. Kommen Behauptungen in der Frage vor, dann ist der Frager für ihre Korrektheit verantwortlich. Die Frage darf keine Argumente, keine Folgerungen, Zumutungen, Epitheta oder ironischen Satzwendungen enthalten. Sie darf nicht auf Debatten, die schon stattgefunden oder ministerielle Beantwortungen, die bereits gegeben worden sind, Bezug nehmen. Sie darf auch nicht zum Gegenstande haben die Vorgänge in einem Komitee, welches seinen Bericht dem Hause noch nicht vorgelegt hat. Fragen an die Kronjuristen im Unterhause in bezug auf abstrakte Rechtsfragen, desgleichen solche, welche sich auf möglicherweise eintretende Eventualitäten beziehen, sind unzulässig. Alle „persönlichen“ Ausfälle[1]) und Imputationen sind hierbei zu vermeiden und eine Frage darf

---

[1]) Eine Frage, die eine Beschwerde gegen die Persönlichkeit eines Ministers enthält, darf aber nicht verhindert werden.

ebensowenig zum Vorwande einer Debatte dienen, als sie, wenn einmal genügend beantwortet, noch einmal gestellt werden darf (May 278 und Todd II. 424f.). Der ausschließlich kompetente Richter, der auch die Zurückweisung der Frage wegen einer Vernachlässigung dieser Regeln vorzunehmen berechtigt ist, ist der Sprecher. Doch wird schon der Clerk bei Übergabe der Frage das betreffende Mitglied auf etwaige Mängel aufmerksam machen.

Die Zeit für die Stellung der Fragen ist an den Tagen, wo zwei Sitzungen abgehalten werden, spätestens bis 3 Uhr nachmittags. Am Freitag, dem einzigen Tage, wo bloß eine Sitzung stattfindet, ist es überhaupt nicht Sitte, Fragen an die Minister zu richten. Fünf Minuten nach $3^3/_4$ Uhr dürfen überhaupt keine Fragen mehr (dem Clerk) übergeben werden. Das Haus ist dann bereits in eine andere Kategorie seiner Verhandlungsgeschäfte eingetreten. Ausnahme von dieser Regel findet nur zugunsten jener Fragen statt, die früher deshalb nicht beantwortet werden konnten, weil der entsprechende Minister fehlte, und solcher, welche zwar nicht auf der Tagesordnung stehen, dennoch aber von hoher Dringlichkeit und öffentlicher Bedeutung sind, oder solcher, die die Anordnung der Verhandlungsgeschäfte betreffen.

Wünscht ein Mitglied mündliche Beantwortung der Frage, so hat er dieselbe mit einem Sternchen zu versehen. Doch muß sie in diesem Falle auf der Tagesordnung stehen, d. i. dem Notice Paper und zwar spätestens desjenigen Tages, der dem Tage vorangeht, an welchem die Antwort gewünscht wird.

Zur üblichen und oben angegebenen Zeit ruft der Sprecher nach der Reihenfolge, in der die Frager auf dem Notice Paper erscheinen, dieselben auf. Das aufgerufene Mitglied bringt nun seine Frage vor, wobei auch Stellvertretung zulässig ist, wenn die Frage keine persönliche Beschwerde gegen den Befragten enthält. Ist ein Mitglied beim Aufruf nicht anwesend, so kommt es erst daran, wenn alle mündlich zu beantwortenden Fragen vorgebracht sind und die Zeit, die dafür an einem Tag eng bemessen ist, es erlaubt (May 239).

Fragen werden nicht nur an Minister, sondern auch an jene Mitglieder des Hauses gerichtet, welche zwar nicht dem Kabinett, aber doch der Regierung angehören, jedoch niemals, wenn ihr Kabinettschef anwesend ist. So wurde vom Staatssekretär der Finanzen die Antwort verweigert, weil die Frage in Gegenwart seines Chefs, des Finanzministers (Chancellor of the Exchequer) gestellt worden war (H. D., vol. 201, p. 968 und 1052). Es können Fragen an Exminister (H. D., 77, p. 133), an den Leader der Opposition gerichtet werden. An andere Mitglieder des Unterhauses, die nicht der Regierung angehören, oder früher angehört haben, also an die sogenannten Private members Fragen zu richten, ist nur dann erlaubt, wenn es sich um eine ihrer Leitung (charge) anvertraute Bill oder ein anderes ihrer Obsorge anvertrautes Parlamentsgeschäft handelt (May 237 und H. D. 4. ser. vol. 136, p. 840 und 1013f.).

Der Minister braucht, wenn gefragt, selbst der Parteisitte zufolge keine Antwort zu erteilen. Er kann dies mit Berufung auf das öffentliche Interesse ablehnen. Doch hat der Abgeordnete dann das Mittel, mittels besonderen Antrages die Sache vor das Haus zu bringen (Mirr. of Parl. 1838, p. 5381, 5386 und 5370). Die Minister können nach der Parteisitte aber die Frage auch dann beantworten, wenn dieselbe von ihrem Urheber fallen gelassen worden ist (H. D., vol. 121, p. 685). Die Minister können ihre Antwort aus jeder beliebigen, in ihrem Besitz befindlichen Information herholen, ohne genötigt zu sein, dieselbe auf den Tisch des Hauses zu legen (Palmerston in H. D., vol. 170, p. 1585 und 1841, ferner Attorney General Palmer in H. D., vol. 179, p. 489). Doch müssen sie, wenn sie aus einem Schriftstücke einen Teil verlesen, dieses oder jedes ähnliche Dokument auf den Tisch des Hauses legen. Es bezieht sich diese Regel nur auf öffentliche Dokumente und solche, die ohne Gefährdung öffentlicher Interessen so produziert werden können. Die Minister können auch seit neuester Zeit schriftliche Antwort auf die Frage erteilen. Dies findet regelmäßig in folgenden Fällen statt:

a) Wenn das Mitglied, das fragt, kein Gewicht auf die mündliche Antwort legt und dies von Anfang an dadurch anzeigt, daß es die Frage nicht mit einem Sternchen versieht;

b) Wenn der Interpellant oder sein für diesen Zweck Bevollmächtigten beim Aufruf abwesend ist;

c) Wenn die Frage später als 5 Minuten vor 3¾ Uhr, also 10 Minuten vor der Zeit, in welcher die Fragen als Teil der Tagesordnung erledigt sein müssen, gestellt worden ist (St. O. 9). Die schriftliche Antwort des Ministers zirkuliert dann mit den Votes, d. i. mit den am nächsten Tage veröffentlichten Verhandlungsberichten. Die Minister senden zu diesem Zwecke ihre Antworten an das uns bereits bekannte Public Bill office des Unterhauses.

Das Oberhaus hat nun durchaus nicht jene komplizierte Maschinerie ausgebildet wie das Unterhaus, weshalb man hier von Fragen im strengen, modernen Sinne kaum sprechen kann, wenngleich auch hier Fragen an die Minister gestellt werden. Aber dies vollzieht sich hier ohne jede Förmlichkeit. Im Oberhause kann eine Debatte über Fragen stattfinden, die im Unterhause angeschlossen ist. Das einzige, was bisher im Oberhause beschlossen wurde, ist, daß es nötig sei, die Fragen, die man zu stellen beabsichtigt, zum voraus bekannt zu geben und auf der gedruckten Tagesordnung zu veröffentlichen (St.O. 21, s. May 206). Doch wird diese Regel nicht strikte beobachtet und kommt jedenfalls in Dringlichkeitsfällen nicht zur Anwendung. Die Fragen werden zu Beginn des Public business gestellt und können auch — ein Zeichen der Formlosigkeit — Gegenstände betreffen, die gerade im Parlamente zur Beratung stehen. Das Haus kümmert sich gewöhnlich nicht darum, ob diese Frage angemessen sei oder nicht. Nur in Ausnahmefällen, wo wiederholt im Laufe der Session Anfragen über denselben Gegenstand an den Minister versucht wurden, verbot es deren Wiederholung.

Wenn wir näher zusehen, werden wir finden, daß die englischen Fragen keine Interpellationen im modernen Sinne sind, sondern wirklich bloße Fragen, wie wir sie z. B. in Frankreich und in Italien fanden, Fragen, die zu keiner Debatte Anlaß geben dürfen. Der Effekt der Interpellationen, Debatten mit darauffolgendem Mißtrauens- oder Vertrauensvotum herbeizuführen, kann aber auch in England erzielt werden und dazu dient nämlich die St.O. 10, welche die sogenannten Dringlichkeitsanträge normiert. Diese Dringlichkeitsanträge sind seit 1882 zur Entlastung der Fragen eingeführt. Es war nämlich seit frühen Zeiten üblich, außer den gewöhnlichen Questions auch noch vor Eintritt in die ordentliche Beratung Vertagungsanträge zu stellen, um auf diese Weise die Minister in wichtigen Fragen zu interpellieren. Noch 1878 bezeugt dies ein Blaubuch[1]). Um diese üble Praxis abzuschaffen, empfahl der damalige Bericht des Geschäftsordnungsausschusses bzw. der Sprecher (Speaker), diese eigentümliche Art, Dringlichkeitsanträge einzubringen, doch in gewissen Formen zu legalisieren, um durch Legalisierung sie einzudämmen, insbesondere schlug der Sprecher vor, diese Anträge nur vor Beginn der ordentlichen Beratung zuzulassen und nur in schriftlicher Form. Das Haus sollte dann darüber entscheiden, ob diese Dringlichkeitsanträge zuzulassen seien. Aus diesen Vorschlägen ist dann die heutige Standing Order 10 entstanden. Darnach kann ein solcher Dringlichkeitsantrag nur gestellt werden, wenn er einen Gegenstand von öffentlicher Wichtigkeit und Dringlichkeit betrifft. (Urgent public importance.) Zu seiner Unterstützung müssen mindestens 40 Mitglieder aufstehen; sind es weniger, aber mehr als zehn, so tritt die Entscheidung des Hauses durch Abstimmung ein, ob der Antrag angenommen werden solle. Seine eigentliche Beratung findet erst um $8^1/_4$ statt.

Ob der Antrag genug wichtig oder genug dringend ist, in eine Debatte gezogen zu werden, bestimmt der Sprecher ohne Appell an das Haus, doch wahrt er hierbei sorgsam das Recht der „Minorität".

Außer den oben angeführten Beschränkungen jenes Rechtes auf Debatte sind dem Antrage nach der St.O. 10 noch andere Schranken, und zwar durch die Entscheidungspraxis des Sprechers (Ruling of the Speaker) gesetzt. Der Antrag darf nicht gestellt werden, um eine schon begrabene Debatte in der Session wieder aufleben zu lassen oder eine schon anderweitig vorgesehene zu antizipieren. Desgleichen darf der Antrag nur einmal in einer Sitzung überhaupt gestellt werden und darf immer nur einen Gegenstand der Diskussion empfehlen. Er darf auch keine Privilegiumsfrage betreffen und überhaupt keinen Gegenstand, der nur mittels ordentlicher Motion nach vorheriger Ankündigung debattiert werden darf, wie dies z. B. bei Beschwerden „persönlicher Art" notwendig ist[2]).

2. Das Mißtrauensvotum (Want of confidence). Dasselbe wurde durch die Parteisitte erst seit 1841 wirklich eingeführt[3]). Es

[1]) Parlam. Papers 1878, Questions 323—65.
[2]) Siehe mein engl. Staatsr. Bd. I, S. 402f.
[3]) Offenbar war französisches Vorbild maßgebend.

besteht darin, daß das eine oder das andere Haus dem herrschenden Ministerium das Vertrauen entzieht und dies formell in Gestalt einer Resolution beschließt. Die seit 1841 meist übliche Form ist jene, welche Robert Peel damals gegen das Whigministerium einbrachte und lautet: „Seiner Majestät Minister besitzen nicht im genügenden Maße das Vertrauen des Unterhauses, um sie zu befähigen, durch das Haus Maßregeln zu veranlassen, welche sie von wesentlicher Bedeutung für das öffentliche Wohl halten. Ihr Verbleiben im Amte ist also unter solchen Umständen im Widerspruche mit dem Geiste der Verfassung."

Zwar ist das Haus zu jeder Zeit befugt, ein Mißtrauensvotum zu beschließen, aber die Parteisitte gebietet, daß es nur bedächtig, niemals übereilt und niemals für bloße Parteitriumphe eingebracht werden soll (Disraeli in H. D., vol. 135, p. 226 und Lewis in H. D., vol. 138, p. 2329). Jedenfalls muß jene Partei, die ein solches Mißtrauensvotum durchzubringen trachtet, die Verantwortlichkeit für ihr Tun übernehmen, indem sie genötigt wird, nunmehr das Heft der Regierung in die Hände zu nehmen und selbst ein parteikräftiges Ministerium zu bilden. Arger Verstoß gegen die Parteisitte wäre es, ohne Bedacht auf solche Fähigkeit bloß das herrschende Kabinett zu stürzen (Gladstone in H. D. 240, p. 1928).

3. Zu unterscheiden von dem „Want of Confidence" ist das „Vote of Censure". Während das erste sich auf die gesamte Tätigkeit des Kabinetts bezieht und dieselbe verurteilt, richtet sich das letztere nur gegen einen bestimmten Verwaltungsakt oder ein bestimmtes politisches Handeln der herrschenden Regierung. Wenn letzteres vom Oberhause abgegeben wird, dann kann es in seiner Wirkung durch ein Vertrauensvotum (Vote of Confidence) des Unterhauses in seinen schädlichen Wirkungen für die Minister paralysiert werden (Hearn, Government of England, p. 160), nicht umgekehrt.

Die Parteisitte verlangt, daß der Antrag auf ein Mißtrauensvotum oder auf ein Vote of Censure vor allen andern parlamentarischen Verhandlungen, die gerade an dem Tage ausstehen, beraten würde. Das herrschende Kabinett, das beinahe ausschließlich die Reihenfolge der Verhandlungen im Unterhause bestimmt, muß kraft Parteisitte nach jeder Richtung hin hier entgegenkommen und jenen

Voten die Priorität vor allen anderen Verhandlungsgeschäften einräumen. Andere Kundgebungen der Opposition, welche nicht ausdrücklich als Mißtrauensvota oder Votes of Censure sich ankündigen, mögen sie in ihren Wirkungen noch so folgenschwer auf das Bestehen des Kabinetts zurückwirken, erlangen diese Priorität nicht (Gladstone, H. D., vol. 210, p. 1754, vol. 211, p. 1282, vol. 228, p. 624).

4. Die Ablehnung von Regierungsvorlagen, sog. defeat of ministers on bills. Dieselbe kann auch unter Umständen zu einer Resignation der Minister führen, doch braucht dies nicht immer der Fall zu sein. Die Niederlage des Kabinetts in bezug auf einzelne isolierte Fragen der Politik führt noch keineswegs zur Resignation der Minister (Edinburgh Review, vol. 95, p. 228, Hearn a. a. O. 221—232; H. D., vol. 211, p. 352, vol. 216, p. 829, vol. 234, p. 1933, vol. 335, p. 67 und 213). Nur dann, wenn Minister ausdrücklich erklären, daß sie die Verwerfung der vorgeschlagenen Maßregel als gleichbedeutend mit einem Mißtrauensvotum auffassen würden (sog. Vital Question), ist jene, wenn sie trotzdem erfolgt, für das Ministerium fatal (Todd II., p. 502). Die gleiche Wirkung hat auch eine mit Absicht herbeigeführte Niederlage bei einer einfachen Auszählung (sog. party division); das Charakteristikum einer solchen ist die Aufstellung von Zählern (tellers für die Opposition und die Regierung, s. Morley, Gladstone II. 450). Die Opposition darf nicht leichtsinnig eine solche Niederlage der Regierung bereiten. Dies tut sie namentlich dann, wenn sie, ohne selbst in der Lage zu sein, ein regierungsfähiges Kabinett zustande zu bringen, die Niederlage veranlaßt hat (Morley, Gladstone a. a., p. 451, Maxwell, Life and Times of W. H. Smith, I., p. 239). Ablehnung von Finanzmaßregeln stehen unter den gleichen Normen der Parteisitte. Nur wenn es sich um die Durchbringung des Budgets handelt, so ist schon das Scheitern desselben an und für sich Grund zur Resignation des Ministers (sog. „vital to cabinets existence“, s. Morley, Gladstone III., p. 203: so z. B. die Niederlage des Gladstoneschen Ministeriums anläßlich der Budgetvorlage 1885 und die dort angeführten Präzedenzfälle).

§ 4. Italien.

I.

Das italienische Recht hat ähnlich wie das französische den Unterschied zwischen Interpellationen (interpellanze) und Fragen (interrogazioni). Allerdings wollen wir schon vorausschicken, daß das italienische Recht anders als das französische den Unterschied zwischen beiden nicht in einem formalen Kriterium (Autorisation der Häuser bei der Interpellation, vorherige Genehmigung des Ministers im Falle der Question) erblickt, sondern in einem materiellen Kriterium. Die Geschäftsordnung der italienischen Deputiertenkammer sagt nämlich ausdrücklich:

> Art. 119: „Die Interpellation besteht darin, die Regierung über die Mitteilung und den Zweck ihrer Handlungen zu fragen."

Während es sich also bei der Interpellation um eine Kenntnisnahme und wirkliche Entscheidung über das Vorgehen der Regierung handelt (cognizione e giudizio), handelt es sich bei der bloßen Interrogation nur um die Mitteilung einer Tatsache. Interpellation ist deshalb ein mehr komplizierter Vorgang und außerdem auch extensiver, da sie sich mit der ganzen Führung der Regierung beschäftigt und nicht bloß mit dem einzelnen Verwaltungsakt. Deshalb sagt der Art. 113 bezüglich der bloßen Fragen:

> „Die Interrogation besteht nur in der einfachen Frage, ob eine Tatsache wahr, ob eine Information, die an die Regierung gelangt ist, exakt ist, ob die Regierung gewillt ist, der Kammer Dokumente mitzuteilen, die der Deputierte für nötig hält, oder ob die Regierung Beschluß gefaßt hat über bestimmte Gegenstände oder sich darüber schlüssig werden will."

Diese beiden Hauptunterschiede zwischen Fragen und Interpellationen sind seit Jahren geltendes italienisches Parlamentsrecht. Der Gegensatz ist seit den Beschlüssen der Kammer der Deputierten vom 18. Dezember 1890 wesentlich verschärft. Ehe wir die Darstellung des geltenden Rechtes geben, wird es nötig sein, die gesetzliche Entwicklung des Interpellationsrechtes in Italien kennen zu lernen. Denn der größte Teil dieses Rechtes ist niemals auf einmal entstanden, sondern hat sich erst allmählich durch die Praxis festgesetzt.

II.

1. Das ältere Recht bis zum Jahre 1890[1]).

a) Die Interpellationen.

In den Geschäftsordnungen (den sog. provisorischen) vom Jahre 1848, den ersten des Königreichs, war keine Vorsorge getroffen für das Recht der Interpellation: das war auch natürlich, da selbst in denjenigen Ländern, die dem damaligen Königreich Sardinien in der Entwicklung des parlamentarischen Regimes vorangegangen waren, dieses Recht durch keine Norm umschrieben war. Zuerst ist es ja, wie wir wissen, im Jahre 1849 im französischen Parlament formell in eine Norm gefaßt worden, wenngleich es schon seit 1830 praktiziert war, und im englischen Parlament findet sich die erste offizielle Anerkennung des Rechts der Questions erst seit 1854 (siehe oben S. 39).

Infolge dieses Mangels spezieller Normen tragen die ersten Jahre beider Kammern des sog. subalpinen Parlaments in unserer Frage wesentlich den Charakter des Willkürlichen an sich. Interpellationen wurden eingebracht, die sofort Gegenstand von Debatten wurden und an denen alle Mitglieder der Versammlung teilnehmen konnten. Es wurde erst später der Unterschied gemacht zwischen der Entwicklung und Begründung der Interpellation und der Diskussion über die aus der Interpellation gezogenen Schlußanträge. Mit der Zeit aber merkte man die Inkonvenienzen, die sich daraus ergaben und man beschritt nach und nach den Weg der Regelung. Interpelliert konnte der Minister über ein Ereignis werden, welches die öffentliche Meinung bewegte und immer dann, wenn der Minister nicht freiwillig der Kammer die Informationen und Erklärungen gab, welche sie für nötig hielt. Daß die Kammer zu einem weitgehenden Interpellationsrecht berechtigt sei und daß sie ganz bestimmte Zwecke damit verfolge, die Zwecke der Verwaltungskontrolle, erkannte man in Italien schon frühzeitig an. So erklärte der Deputierte

---

[1]) Siehe darüber Mancini e Galeotti, norme ed usi del Parlamento Italiano 1887 p. 366 ff.

Boncompagni in seinem Gutachten über die Geschäftsordnung der Kammer 1861/62:

„Das Parlament nimmt nicht nur an der Ausübung der Souveränität insofern teil, als es über die Gesetze berät und Vorschläge einbringt, welche es für nützlich hält, sondern gleichwichtig ist das Recht, das ihr zusteht, von dem Minister der Krone Rechenschaft zu fordern über die Richtung der Politik und über jeden Verwaltungsakt, welcher der Gerechtigkeit nicht ganz entspricht. Daher ist das Recht der Interpellation ein solches, das seine Raison in der Verantwortlichkeit der Minister hat[1]).

Die Interpellation wurde nicht als Ausübung eines subjektiven Rechts des Deputierten angesehen, sondern als ein Akt der Kammer betrachtet, welchen sie nur zulassen durfte, wenn sie die förmliche Überzeugung hatte, daß der Gegenstand zu einer wichtigen Debatte führen könnte.

Die Interpellation durfte in jedem Augenblick präsentiert werden; und durch beständige Übung wurde festgestellt, daß sie dem Präsidenten auch während des Nichttagens der Versammlung überreicht werden könnte (Anche durante l'aggiornamento dell' Assemblea). Übereinstimmend stellten die Geschäftsordnungen von Senat und Kammer fest, daß der Gegenstand für die Interpellation schriftlich fixiert und dem Präsidenten überreicht werden müßte, der davon in derselben Sitzung der Kammer Kenntnis gab, wobei er den Zeitpunkt so zu wählen hatte, daß er nicht schon bestehende Diskussionen unterbrach. Doch fehlten nicht Präzedenzfälle, in denen der Präsident aus eigener Macht das Verlesen des Interpellationsverlangens auf den folgenden Tag gelegt hatte. Auch in anderer Beziehung herrschte die Tendenz, das Recht der Abgeordneten gegenüber der Regierung nicht gar zu sehr auf die Spitze zu treiben. Ein gewisses Entgegenkommen gegenüber der Regierung lag als Präsumtion beiden Geschäftsordnungen des Senats und der Deputiertenkammer zugrunde.

Die Geschäftsordnung des Senats sicherte dem Minister, an den die Interpellation gerichtet ist, keinen Termin, um sich zu erklären, ob er auf die Interpellation zu antworten gedächte. Die Geschäfts-

[1]) „Il diritto d'interpellanza, che ha la sua ragione nella responsabilità dei ministri.“

ordnung der Kammer hingegen fixierte eine solche Erklärungsfrist, nämlich bis zur nächstfolgenden Sitzung. Der Minister, an den die Interpellation gerichtet war, konnte erklären, daß er keine Absicht habe, auf diese zu antworten, und nicht selten waren die Fälle, in denen ein solcher Refus stattfand. Verweigerte die Regierung die Antwort auf die Interpellation, dann beriet die Versammlung, und zwar der Senat ohne Diskussion, die Kammer, nachdem sie wenigstens die Bemerkung des Interpellanten (seit 1877) und auch die Regierung gehört hatte. Beide, sowohl Interpellant als auch Regierung, mußten sich dann in sehr engen Grenzen halten. Es galt als ungewöhnlich, wenn dem Abgeordneten eine besondere Begründung zu diesen Bemerkungen über einen Refus gewährt wurde.

Wenn der interpellierte Minister erklärte, auf die Interpellation einzugehen, so gab er selbst den Tag an, der ihm für die Begründung der Interpellation geeignet erschien. Doch ereignete es sich im Jahre 1878, daß der Senat den Vorschlag eines Ministers verwarf, da dieser Vorschlag dazu geführt hätte, an einem Tage die Interpellationsbeantwortung vorzunehmen, über den bereits für eine andere Interpellation verfügt war.

Wenngleich die Geschäftsordnung der Deputiertenkammer nicht so ausdrücklich wie die des Senates erklärte, daß die Begründung der Interpellation auf unbestimmte Zeit vertagt werden dürfe, so kam dieses doch einmal im Jahre 1863 vor. Dagegen wurde geltend gemacht, daß ein Vorschlag in bezug auf die Bestimmung des Termins für die Begründung der Interpellation nicht durch die einfache Tagesordnung erledigt werden könnte, welches ja im Effekte einer Vertagung auf unbestimmte Zeit gleich käme. Doch kam auch dies vor. So billigte im Jahre 1862 die Kammer eine einfache Tagesordnung (giorno puro e simplice) über eine Fixierung des Tages zur Begründung einer Interpellation über Angelegenheiten, die Neapel betrafen. Die Kammer durfte auch ohne weiteres über den von ihr für die Interpellationsgründung festgesetzten Termin hinausgehen, sei es dadurch, daß sie die Vorschläge über die Bestimmung des Tages verwarf, sei es, daß sie die Interpellation auf sechs Monate vertagte, wie das im englischen Parlamente Praxis war.

Es war auch nicht ausgeschlossen, daß sie die Beratung in suspenso ließ. So bestimmte im Jahre 1863 die Kammer, daß der

Tag für die Begründung der Interpellation erst nach der Beratung über den Staatshaushalt stattfände und im Jahre 1877, daß jene erst nach der Verteilung bestimmter Dokumente über die auswärtige Politik erfolgen sollte. Ein Beispiel ereignete sich im Jahre 1878, wo die Kammer sich vorbehielt, über die Begründung der Interpellation nicht eher zu entscheiden, bis das französische Parlament einen Handelsvertrag mit Italien abgeschlossen hätte.

Vollständige Freiheit war ursprünglich jeder der beiden Kammern überlassen in bezug auf die Feststellung des Tages, den sie vorzog, und es war nicht ausgeschlossen, daß eine Interpellation begründet werden kann, an demselben Tage, an welchem die Regierung erklärt, sie beantworten zu wollen. Freilich mußte dann der Präsident der Geschäftsordnung Rechnung tragen, die Zustimmung, die geheime Abstimmung vorschrieb, wenn die Kammer von der vorher festgestellten Tagesordnung unvorhergesehenerweise abweichen wollte.

Gab die Regierung, noch ehe die Tagesordnung für die Begründung der Interpellation bestimmt war, die nötige Aufklärung, dann erklärte der Präsident ohne weiteres die Interpellation für erledigt und der Tag zur Begründung dieser Interpellation ward gar nicht erst festgelegt, der Interpellant gar nicht zu der Verwertung des Vorfalles zugelassen. Die oben geschilderte Souveränität der Kammer gegenüber Interpellationen äußerte sich erst, als das sog. achttägige Regime („regime settimanale") eingeführt wurde, das übrigens selbst heute noch nicht im Senat eingeführt ist. Das sog. „achttägige Regime" ist die Festlegung eines Wochentags für die Behandlung der Interpellation. Die Kammer kam im Jahre 1885 zum Samstag. Im Senat aber machte schon im Jahre 1862 der Senator Arrivabena dagegen folgendes geltend:

> „Mir widerstrebt ein Vorschlag, einen bestimmten Tag für Interpellationen zu fixieren. Wir können uns darin finden, das Recht der Interpellation jedes Senators einzuschränken. Ich selbst bin weit entfernt, Beifall zu spenden der Art, in welcher wir oft bedeutende Beratungen im Senate durch Eröffnung von Interpellation unterbrechen, aber ich kann anderseits eine Maßregel nicht akzeptieren, welche eine Grenze setzt, dem Senator bzw. seinem Recht der Interpellationen, 12. Juli 1862."

So kam es im Senat nie dazu. Ebenso opponierte man anfangs in der Deputiertenkammer, als im Jahre 1862 Minghetti solches nur als provisorische Maßregel festlegen wollte. Die Kammer beugte sich schließlich dem Antrage, aber nicht ohne Schwierigkeit. Man erblickte auch hier in solcher Festlegung eine Verkürzung des Rechts der Minoritäten. So sagte der Abg. Mordini:

> „Ich beabsichtige nicht gleich den Vorschlag des Deputierten Minghetti zu verwerfen, aber ich will nicht, daß es der Kammer zustehen sollte, eine Resolution zu fassen, vermöge derer ein Deputierter verhindert sein könnte, eine Interpellation zu begründen, wenn es sich um außergewöhnliche Fälle und dringende Fragen handeln würde."

Darauf Minghetti:

> „Die Kammer ist immer Herrin."

Darauf der Präsident:

> „Der Vorschlag des Abgeordneten Minghetti ist im gewöhnlichen Leben um so weniger annehmbar, als er seine Raison aus außergewöhnlichen Umständen schöpft, in welchen wir uns momentan befinden."

Darauf erwiderte Massari:

> „Trotz der Restriktion und trotz der Erklärung, die Mordini gemacht hat, die Minghetti akzeptiert, und der Präsident bestätigt hat, nämlich, daß es sich nur um außergewöhnliche Fälle handelt, fällt es mir dennoch sehr schwer, mich an den Vorschlag des verehrten Minghetti zu gewöhnen, der in seinem Prinzip mir das Recht der Minorität zu verkürzen scheint."

Erst im Jahre 1885 kam man in der Kammer dazu, das achttägige Regime (regime settimanale) endgültig festzusetzen, d. h. den Sonnabend für die Beratung der Interpellationen zu bestimmen. Trotzdem ereignete sich auch nachher die Praxis, die Interpellationen auf die Zeit der allgemeinen Budgetberatungen zu verschieben.

In der Deputiertenkammer wurde das System sehr oft kritisiert. Denn dadurch verloren die Interpellationen ihren eigenartigen Charakter, und die Interpellationen verwandelten sich nach nunmehr ständiger Übung in Reden, die bei der Generaldebatte über den

Staatshaushalt den Vorrang hatten. So kam es dann, daß zwischen der Interpellation und der Antwort des Ministers so viel Zeit verging, als die Generaldiskussion über seinen Etat dauerte. Die Diskussion war endlos, da das Interesse am Staatshaushalt gar keine Schranken kannte und kennen durfte. Was aber viel schlimmer war, die Interpellanten konnten sich in viel schlechterer Lage befinden als diejenigen Antragsteller, welche hinterher nach dem Ereignis, welches zur Interpellation Anlaß gegeben hatte, mit ihren Anträgen kamen und eigentlich den Interpellanten nachfolgen sollten. Denn sie konnten durch Dringlichkeitsanträge sofort eine Resolution präsentieren, welche unmittelbar diskutiert werden mußte, während die Interpellanten vielleicht gerade durch die Annahme einer solchen Resolution ihren Zweck vereitelt sahen. Es fehlten nämlich damals die heutigen Vorschriften über das „raggruppare", d. i. über die Zusammenlegung von Anträgen und Interpellationen oder bloß von Interpellationen über denselben Gegenstand.

Die Geschäftsordnungen beider Kammern setzten anfangs keine Grenzen für die Begründung der Interpellationen. Es war auch vorgekommen, daß ein Senator einmal im Jahre 1871 zwei ganze Sitzungen für solche Begründung brauchte, und Ähnliches kam im Jahre 1884 im italienischen Senate vor. In der Kammer wurde dies durch die Konfinierung der Interpellationen auf einen bestimmten Wochentag unmöglich.

Ein Artikel der Geschäftsordnung der Kammer, der frühere Art. 71 sagte:

> „Wenn der Interpellant sich mit der Erklärung des Ministers zufrieden gibt, so hat die Diskussion ein Ende."

Es entstand die Frage, ob diese Bestimmung rigoros zu interpretieren wäre. Aber in der Praxis wurde dem Interpellanten gestattet, anzugeben, weshalb er sich mit der Antwort zufrieden gäbe, oder weshalb er es nicht tue. Seit 1869 war dies die Praxis. Nur durfte daraus nicht wieder eine weitschweifige Replik werden, da sonst der Minister zu einem doppelten Diskurs verpflichtet gewesen wäre. Trotz dieser Disposition kamen Fälle vor, in welchen ein Interpellant, der sich zufrieden erklärt hatte, sich dennoch für autorisiert hielt, eine Resolution der Billigung zu präsentieren. Aber dieser Versuch wurde von der Kammer abgewiesen. Der Interpellant, der erklärte, daß er sich nicht mit der Erklärung zufrieden gäbe, stellte einen bestimmten Antrag, der von der Kammer zu beraten war.

Damit begann das zweite Stadium, das Stadium der Resolution. Wenn auch eine solche Resolution von mehreren unterschrieben war, so durfte sie doch nur von einem präsentiert werden, und wenn dieser sie zurückgezogen, so hatte die Interpellation gar keine weiteren Folgen. Wenn die Resolution präsentiert wurde, so hinderte im Senat keine Bestimmung, daß man sofort darüber diskutierte. Dieses wurde als unzweckmäßig empfunden, weil Überraschungen leicht möglich waren. Die Kammer der Deputierten bestimmte aber die Sitzung, in welcher die Diskussion über eine Resolution stattfinden durfte. Für diese zweite Diskussion galten alle Bestimmungen, welche betreffs der Fixierung des Tages für die Interpellationen gelten: also Anhörung des Ministers, Vertagung auf bestimmte oder unbestimmte Zeit usw.

Bezüglich der Form der Tagesordnung wurde französisches Vorbild beobachtet, also Approbation ausgesprochen oder Mißtrauensvotum erteilt. Nur in dem Punkte wich und weicht die italienische von der französischen Parlamentspraxis ab, daß nach der letzteren der Minister die eine oder andere Tagesordnung akzeptiert und mit ihr steht oder fällt. Dadurch ist eine verschiedene Deutung der Tagesordnung ausgeschlossen. Anders in Italien; hier kam es nicht selten vor, daß dem Ausspruche einer Tagesordnung verschiedene Bedeutung beigelegt wurde. Im Jahre 1867 präsentierten Mancini und Crispi eine Tagesordnung, welche mit folgenden Worten schloß:

> „In der Überzeugung, daß der Minister die königlichen Vorrechte nach dem Verfassungsstatut unverletzt und die Würde des Landes unversehrt bewachen würde, geht die Versammlung zur Tagesordnung über.“ („Passe al ordine del Giorno.“)

Die Proponenten dieser Tagesordnung und der Deputierte Nicotera erklärten, daß sie durch diese Tagesordnung eine Zensur der verflossenen Kabinettsregierung Ricasoli zu erteilen beabsichtigten und der Abgeordnete Spaventa hielt steif und fest daran, daß die Tagesordnung den Sinn habe, den ihr die Autoren beilegten. Der Präsident des Staatsrates Radazzi, unterstützt von dem Deputierten Dina, hielt es für unmöglich, daß eine Tagesordnung eine

Zensur für das Ministerium Ricasoli enthalten könne und erklärte, daß eine Tagesordnung unabhängig von jeder Deutung, die nämlich nach ihrem Wortlaut ihr gegeben werden könnte, als solche in Betracht käme. Derart geschah und geschieht es, daß man sich ein Vertrauensvotum auch gefallen lassen muß, dem entgegengesetzte Absichten unterschoben werden können.

b) Die Anfrage (Interrogazione).

In beiden Kammern hatte die Ausübung dieses Rechtes ursprünglich gar keine Grenzen, so daß es vorkam, daß diese Fragen an die Mitglieder einer parlamentarischen Kommission gestellt wurden konnten, und daß die an den Minister gerichteten Fragen sehr breit entwickelt wurden, wodurch die Kammer verpflichtet war, passiv einen Dialog zwischen den Anfragenden und befragten Ministern anzuhören, ohne im geringsten interessiert zu sein. Daher kam man schon im Jahre 1868 in der Kammer dazu, dieses unbeschränkte Interrogationsrecht einzuschränken, während im Senat noch heute keine solche Regulierung besteht. In der Kammer war seit 1868 folgendes vorgesehen: Wenn ein Deputierter Interrogationen einbrachte, so mußte er sie zuvor ankündigen, und in der Praxis vollzog sich dieser Vorgang durch die Überreichung eines Schriftstückes wie bei der Interpellation. In bezug auf die Befugnis des Präsidenten der Kammer die Mitteilung davon zu machen, galt dasselbe was bei Interpellationen. Er konnte also ihre Verlesung nur bis zur nächstfolgenden Sitzung verschieben. Doch kam es noch 1873 vor, daß ein Abgeordneter den Präsidenten bat, sein Interrogationsverlangen, das er vor acht Tagen eingebracht hatte, endlich zur Verlesung zu bringen. Wenn eine Interrogation vorher angekündigt war, so konnte sie, falls die Kammer dem zustimmte, sofort entwickelt werden; aber es war parlamentarische Übung, daß die Regierung sich einen Zeitraum für die Erklärung reservieren durfte, ob und wann sie die Frage zu beantworten gedächte. Die Folge davon war, daß erst dann der Tag bestimmt wurde, wann die Interrogation gemacht werden solle, und der Deputierte ließ sich nach so vielen feierlichen Erwartungen nicht mit wenigen Worten abfertigen. Um in diesem Punkte die Debatte abzukürzen, stellte der Deputierte Mussi am 28. Januar 1869 den Antrag:

„Der Minister muß innerhalb drei Tagen antworten; wenn er den Zeitraum zu kurz findet, so kann er einen anderen verlangen, über den dann die Kammer zu beraten berufen ist. Nach Anhörung der Antwort des Ministers kann keine Diskussion stattfinden.“

Leider wurde aber dieser Vorschlag nicht angenommen.

2. Die Periode von 1890 bis auf die Gegenwart.

Im Jahre 1890 stellte sich in der Deputiertenkammer die Notwendigkeit heraus, die bisher geschilderte Form der Behandlung der Interrogation und Interpellation zu reformieren.

Was zunächst 1. die Interrogation anlangt, so wurde ein Artikel neu aufgenommen, der bestimmte, daß die Interrogation der Kammer in summarischer Weise in der Sitzung mitgeteilt, in der sie eingebracht worden war, und auf die Tagesordnung der nächsten Sitzung gestellt werden mußte, in der sie dann vollständig erschöpft werden sollten. Nach englischem Vorbilde[1]) wurde die Beratungszeit für die Anfragen in jeder Sitzung auf 40 Minuten beschränkt. Die Zeit für die Replik der Interroganten auf eine ministerielle Antwort sollte nicht länger als fünf Minuten sein. Dadurch war aber der alte Modus aufgegeben, wonach einerseits der Präsident die Erörterung der Anfrage beliebig verschieben konnte, bzw. der Minister sie verschieben konnte, und dann war die Möglichkeit gegeben, langwierige Diskussionen im Anschluß an die Interrogationen zu provozieren. Die Reihenfolge der Interrogationen erfolgte entsprechend ihrer Präsentation.

2. Was die Interpellationen anlangt, so begründete der Berichterstatter der Kommission die neuen Bestimmungen wie folgt:

„Wir haben beabsichtigt, das Recht der Interpellationen nicht zu begrenzen, im Gegenteil wir bemühen uns, dasselbe effektiver zu gestalten; freilich dieses Interpellationsrecht hat auch seine Inkonvenienzen.“

Zunächst wurde von dem Ministerpräsidenten Crispi bemerkt, daß die Interpellation viel zum Zeitverlust beitrüge und zu einer Wortvergeudung, an der die Kammer kein Interesse hätte. Des-

---

[1]) Atti del parlamento Italiano sessione 1890/91, vol. 1, 18. Dez. 1890, p. 82ff.

halb existierte in England kein solches Recht. Man versuchte deshalb innerhalb der Kommission das Recht der Antragstellung zu erweitern, um die Vorteile der Interpellation auf die Weise zu erzielen, da der gewöhnliche Antrag all das zu reden gestatte, was die Interpellation, aber auch die Möglichkeit gäbe (jedem anderen Deputierten und der Regierung), sich an der Diskussion zu beteiligen[1]. Man verlangte aber auch in der Beratung über die Artikel, welche die Interpellationen betrafen, daß der Minorität das Recht zustehen sollte, auch gegen den Willen der Regierung zu verlangen, daß die Beratung der Interpellation an demselben Tag stattfinde. Man wollte Kautelen dafür, daß die Interpellationen, wenn sie auf den gewöhnlichen Weg verwiesen, d. h. auf den für die Interpellation bestimmten Tag, dann keinem Massacre of innocents am Schlusse der Session ausgesetzt würden. Aber schließlich wurde dennoch der Art. 9 im Sinne der Kommission angenommen, dem entsprach der neue Art. 9 (der jetzige Art. 120 der Gesch.-Ordn. der Deputiertenkammer):

> „Wenn die Regierung eine Antwort nicht erteilen zu wollen erklärt, oder die Interpellation auf den gewöhnlichen Weg verweist, so kann der Interpellant von der Kammer verlangen, daß die Interpellation an dem Tage entwickelt wird, welchen er vorschlägt."

Durch Art. 10 (jetzt Art. 121 der Gesch.-Ordn.) wurde in nicht neuer, aber doch in endgültiger Weise die Konfinierung der Interpellation auf einen bestimmten Tag der Woche, den Montag (lunedì) festgelegt. Art. 11 (heutige Art. 122) bestimmte das „Raggrupare", d. h. die Zusammenziehung konnexer Interpellationen. Art. 12 (heutige Art. 123) eröffnete das Antragsrecht für den Fall, daß der Abgeordnete mit der Erklärung nicht zufrieden war und außerdem gab er jedem Abgeordneten das Recht, bei der Gelegenheit einen Antrag zu stellen, mochte der Interpellant mit der Erklärung der Regierung zufrieden sein oder nicht. Dadurch wurde einerseits das unbeschränkte Antragsrecht von früher wesentlich eingeschränkt, nämlich auf den Fall der Nichtzufriedenheit, anderseits aber auch erweitert, indem jeder Abgeordnete ebenso wie der Antragsteller

---

[1]) Denn nach der Geschäftsordnung der italienischen Deputiertenkammer ist bei Interpellationen nur eine beschränkte Diskussion (discussione ristretta) gegeben. Siehe unten S. 63.

die Diskussion mit einem Antrage eröffnen konnte. Nach dem früheren Rechte konnte, selbst wenn der Antragsteller sich zufrieden erklärte, doch noch in irgendeiner Weise eine Diskussion heraufbeschworen werden, indem der Antragsteller erklärte, weshalb er sich zufrieden erkläre. Nunmehr sollte ein solcher Antrag nur mehr gestellt werden, wenn der Interpellant mit der Erklärung nicht zufrieden war. Ferner konnte nach dem früheren Rechte, Art. 106 des Reglements der Kammer, kein Abgeordneter einen Antrag stellen, wenn der betreffende Interpellant sich mit der Antwort der Regierung zufrieden erklärt hätte, das sollte nun aufhören.

Noch zweier Neuerungen wollen wir Erwähnung tun, die mit der Neuregulierung von 1890 im Zusammenhange stehen. Zunächst ist es die Bestimmung, daß die Interrogationen auf jeden Fall den Interpellationen vorgehen, das bestimmte der Art. 10 der neuen Regelungen von 1890, gegenwärtig Art. 121 der Gesch.-Ordn. Man ging hierbei von der Ansicht aus, daß man die Kammer soviel als möglich von Interpellationen entlasten müßte, dadurch, daß man die Stellung von Interrogationen erleichterte[1]).

Die zweite Neuerung bestand darin, daß man zur Entlastung der Interpellationen auch den Initiativantrag erleichterte, Art. 13 der Neuordnungen von 1890 (Art. 128 der heutigen Gesch.-Ordn.).

> Initiativanträge waren nach dem früheren Reglement, Art. 107, zulässig, wenn drei Abteilungen sich dafür erklärt hatten oder zehn Mitglieder den Initiativantrag unterstützt hatten.

Nun wurde auch (Art. 17 der Neuordnungen von 1890 und Art. 128 des heutigen Reglements) zur Erleichterung dieser Initiativanträge der Grundsatz aufgestellt, daß die einfache und die motivierte Tagesordnung keinen Vorrang hätten vor dem Initiativantrag, sondern ihm nachstehen müßten. Sodann wurde bei der Zusammenlegung von Initiativanträgen und Interpellationen über einen Gegenstand dem Initiativantrag der Vorrang eingeräumt (Art. 16 der Neuordnungen von 1890, Art. 127 des jetzt geltenden Reglements). Durch diese Zusammenlegung wurde in der Tat der Absicht der Kommission

---

[1]) Atti parlamentari a. a. O., p. 90: E le ragioni, per le quali propongo questa modificazione sono due: l'altra che con ciò, secondo me, avremmo un mezzo per togliere l'abuso delle interpellanze, facilitando lo svolgimento delle interrogazioni.

Rechnung getragen, die hier folgenderweise ausgesprochen werden soll (Atti parlamentari a. a. O., p. 86, Berichterstatter Bonghi):

„Di più il dritto, o per dir meglio l'uso dell interpellanza non esiste nel parlamento inglese e percio nelle modificazione che la Commissione ha introdotte nel regolamento, ha cercato d'estendere il diritto della mozione, la quale ha tutti i vantaggi che all' interpellanze mancano, perchè la mozione dà modo al deputato di dire tutto quello che può dire in una interpellanza, ma gli dà d'altresè l'obbligo di determinare il suo concetto e conferisce la facoltà non solo al Governo, ma ad ogni deputato di intervenire nella discussione"[1]).

Im Jahre 1907 kam es in der Deputiertenkammer zu einer doppelten Neuregelung[2]). Zunächst sollte das sogenannte massacre of inocents der Interrogation und Interpellation verhindert werden. Da nämlich die Zeit für die Beratungen beider zwar konfiniert war, aber keiner der Interroganten oder Interpellanten recht wußte, an welchem Tage seine Interrogation resp. Interpellation zur Beratung käme, so wurde die Zahl der an einem Tage zu erledigenden Interrogationen auf 15 festgestellt (Art. 115, letzter Satz der Gesch.-Ordn.) und bestimmt, daß die auf den Montag gewöhnlich konfinierten Interpellationen in der Sitzung vorher (das ist gewöhnlich Sonnabend der vorhergehenden Woche) generell bezeichnet und auf die Tagesordnung des Montags in der Reihenfolge ihrer Präsentation gesetzt werden mußten. Sollten sie vor dem gewöhnlichen Schluß der Sitzung erledigt sein, so sollte die gewöhnliche Beratung über andere Gegenstände einsetzen (Art. 121). Dadurch begab sich die Kammer des letzten Restes ihres souveränen Verfügungsrechtes über die Interpellationen und dem Zeitpunkt ihrer Begründung. Dazu kam ferner die Bestimmung (Art. 120), daß, wenn die Minister nicht innerhalb der auf die Ankündigung der Interpellation folgenden dritten Sitzung keine ablehnende Antwort gaben, die Inter-

---

1) Dieser befremdende Schlußsatz, wonach die Initiativanträge nicht die Interpellationen eine freie Debatte ermöglichen, wird nur verständlich, wenn man sich vor Augen hält, daß die Deputiertenkammer für Interpellationen nur die discussione ristretta hat. (Siehe weiter unten S. 63.)

2) Siehe Atti parlamentari Camera dei deputati. Legislatura 22, 18 232ff. vom 12. Dezember 1907. — Siehe Bericht der Geschäftsordnungsausschüsse Atti parlamentari Legislatura 22, 1904/07, documenti No. 9 etc.

pellation als von ihnen angenommen betrachtet wurde. Sie sollte dann auf den gewöhnlichen Weg der Montagsverhandlung („Torno ordinario“) kommen. Dadurch wurde das in manchen Staaten von Ministern besonders gepflegte Hinterpförtchen, Interpellationen zu ignorieren, weil jegliche Stellung zu ihnen unbequem war, beseitigt. Schließlich fügte die Reform eine Art von Verjährung der Initiativanträge und Interpellationen ein. Man wollte auf die Weise der üblen parlamentarischen Praxis Einhalt tun, die eine Menge von Initiativanträgen brachte, ohne die Absicht zu haben, sie weiter zu verfolgen [1]).

3. Das heutige Recht [2]).

I. Interrogazione (Anfrage).

Sie kann einen vierfachen Inhalt haben (Art. 113 der Gesch.-Ordn. der Deputiertenkammer):

a) Die Anfrage, ob eine Tatsache wahr sei,

b) der Wunsch auf Erteilung einer Information,

c) der Wunsch auf Mitteilung von Dokumenten,

d) die Anfrage, ob die Regierung gedenke, einen gewissen Beschluß zu fassen über einen gewissen Gegenstand oder bereits gefaßt habe.

Die Antwort der Regierung besteht darin zu erklären, ob sie eine genügende Antwort auf diese Frage geben will oder nicht (Art. 116). Im allgemeinen handelt es sich immer nur um die Kenntnisnahme einer Tatsache (cognizione di fatto). Zweierlei fehlt der Interrogation gegenüber der Interpellation:

---

[1]) „Vennero avvertiti più volte due inconvenienti che concorrono ad ingombrare l'ordine del giorno della Camera senza alcun pratico risultato. L'uno si riferisce alle mozioni, l'altro ai disegni di legge di iniziativa parlamentare. Si trovano anche oggi al l'ordine del giorno della Camera numerose mozioni, più di venti: due sono del 19 giugno 1905, tre del 29 giugno scorso anno, altre si riferiscono ad argomenti che hanno ormai perduta ogni importanza. L'ordine del giorno è del pari ingombro di proposte d'iniziativa parlamentare che si possono ritenere in gran parte abbandonate di fatto dai loro autori. Vengono presentate talora sotto l'impressione di qualche avvenimento, o per provvedere a bisogni dei quali cessa poco appresso la necessità o l'urgenza.

A togliere l'inutile ingombro, ed anche per riguardo agli autori di siffatte mozioni e proposte che le abbandonano talvolta alla loro sorte, si propone che dopo tre mesi di effettivo lavoro parlamentare e quantunque volte non sia fissata l'epoca o l'occasione della loro discussione, si debbano ritenere decadute.“

[2]) Siehe dazu insbesondere Bragaglia. Il Sindacato Parlamentare Torino-Roma 1903.

1. Die Prüfung über die Gesamtführung der Regierung,
2. die Wertung oder das Urteil über solche.

An einem Punkte nähern sich beide, insofern die Interrogation auch auf die Absichten der Regierung abstellt, tut sie doch im kleinen, was die Interpellation im großen.

Die Interrogation drückt einen bestimmten Wunsch aus, sie kann deshalb nicht zu einem Diskurs ausarten und eine Diskussion herbeiführen, Meinungen äußern, sich auf Diskussionen in der Debatte berufen. Sie ist zwar ein niedrigeres Kontrollmittel als die Interpellation, aber eines zum täglichen Hausgebrauch, das direkt auf das Ziel losgeht, und schleunig ist. Aktive Subjekte der Interrogation sind Deputierte und Senatoren, passive die Minister, die Staatssekretäre mit oder ohne Portefeuille, die Unterstaatssekretäre, die königlichen Kommissarien, die Berichterstatter der parlamentarischen Kommissionen. Nach dem in Kraft stehenden Reglement der Deputiertenkammer muß jeder Abgeordnete, der die Absicht hat, eine Interrogation der Regierung vorzulegen, schriftlich den Wunsch zur Stellung einer solchen äußern, ohne Angabe des Grundes, und der Präsident gibt der Kammer die Nachricht (das ist l'annunzio della interrogazione). Die Interrogation wird dann auf die Tagesordnung der folgenden Sitzung gestellt. Am Anfang jeder Sitzung verliest der Präsident das Verzeichnis der eingelaufenen Interrogationen und die Regierung antwortet sofort oder erklärt, nicht antworten zu können oder, daß sie die Antwort an einem bestimmten Tage, welchen sie angeben muß, geben will (Art. 114, 115 des Reglements). Wohlgemerkt! Die Interrogation kann nicht auf eine unbestimmte Zeit verlegt werden, z. B. die Eröffnung des Staatshaushaltes, das verlangen die guten Sitten des Parlaments[1]). Auf die Antwort, welche bloß das in der Interrogation ausgedrückte Faktum berührt, hat der Interrogant das Recht der Antwort, aber nicht länger als fünf Minuten, und die Antwort muß darin bestehen, ob er mit der vom Minister erteilten Antwort zufrieden ist oder nicht. Wenn er mit der Antwort nicht zufrieden ist, dann kann er eine neue Interrogation einbringen über denselben Gegenstand. Wenn die 15 ersten auf der Tagesordnung stehenden Interrogationen entwickelt, zusammengezogen oder abschlägig beschieden sind oder sonst hinfällig werden,

[1]) Siehe Bragaglia a. a. O., S. 137.

so werden die fehlenden ohne weiteres auf die nächstfolgende Sitzung gesetzt (Art. 115 in fine). Gleiches geschieht, wenn 40 Minuten seit Anfang der Sitzung abgelaufen (Art. 117). Durch diese Bestimmungen sind einerseits der Obstruktion durch die Interrogation Schranken gesetzt, andererseits wird eine laxe Behandlung der Interpellation durch Regierung oder Kammer verhindert. Eine Ausnahme von diesen Regeln machen nur die Dringlichkeitsfragen. Das sind die „Interrogazioni con charáttere di urgenza". Wenn die Regierung die Dringlichkeit dieser Fragen anerkennt, so kann sie gleich nach ihrer Mitteilung durch den Präsidenten die Antwort geben oder gleich zu Beginn der nächsten Sitzung. Auch in diesem Falle steht dem Autor der Anfrage das Replikrecht zu.

Die Begründung der Anfrage hat immer den Vorrang vor allen anderen Gegenständen der Tagesordnung und sie findet statt in jeder Sitzung nach der Genehmigung des Verhandlungsprotokolls der vorhergehenden. Nur am Montag und Dienstag in der Woche, wenn der Berichterstatter des Petitionsausschusses und des Ausschusses zur Prüfung der Staatsrechnungen seinen Bericht erstattet, haben diese beiden Gegenstände den Vorrang vor den Interrogationen (Art. 111 bis 119)[1]. Die Begründung der Interrogation muß außerhalb der Diskussion über einen Gegenstand gemacht werden, d. h. sie kann nicht im Anschluß an ein Gesetz und dergleichen stattfinden. Der interrogierende Abgeordnete, welcher sich nicht am Platze befindet, wenn an ihn die Reihe kommt, seine Anfrage zu begründen, wird so angesehen, als ob er die Interrogation zurückgezogen hätte. Der Minister kann Interrogationen zurückweisen, die Antwort aufschieben, um seine wahren Absichten zu verschleiern, um verderbliche Spekulationen zu vermeiden. Er wird es immer tun, wenn die Frage auf eine Argumentation hypothetischer Natur begründet ist, da er sich nicht darauf einlassen kann, zu sagen, was die Regierung in einem bestimmten Falle, wie er sich noch gar nicht ereignet hat, tun wird. Speziell wird er Fragen von internationaler und diplomatischer Natur aus dem Wege gehen. Im Senat gibt es überhaupt keine Normen für Interrogationen doch kennt man sie auch hier und richtet sich nach den in der Deputiertenkammer geltenden Normen.

---

[1]) Antrag Brunialti v. 25. Januar 1901.

II. Interpellanza (Interpellation).

Wenn ein Parlamentarier die Führung der Regierung (condotta del Governo) prüfen oder werten will in bezug auf ein Ereignis der inneren oder äußeren Politik, steht ihm das Recht der Interpellation zu (interpellanza). Der Begriff der Interpellation umfaßt auch die Antwort. Sie besteht also aus diesen zwei Teilen: 1. der Prüfung der Gründe für die Führung (Condotta) der Regierung, sei es, daß diese eine gegenwärtige oder eine vergangene ist, 2. der Wertung dieser Führung im Verhältnis zum Gegenstand der Interpellation. Interpellation und Interrogation haben dieselbe Form, sind beide Fragen der Mitglieder des Parlaments, gerichtet an die Regierung, aber der Inhalt ist verschieden. a) Bei der Interpellation ist der Gegenstand eine politische Entscheidung, nicht Kenntnisnahme eines bloßen Faktums wie bei der Interrogation. b) Die Interpellation bezieht sich auf die Gesamtführung der Regierung und zwar über sehr viele Regierungsakte, die Interrogation nur auf einen einzigen. Wie die Interrogation, so wird auch die Interpellation begründet, entwickelt zwischen zwei Personen, dem Interpellanten und dem Interpellierten. Es ist ebenso wie bei der Interrogation die Diskussion wesentlich eingeschränkt (Discussione ristretta)[1]). Will der Interpellant eine Diskussion über den Gegenstand seiner eigenen Interpellation herbeiführen, will er sie dem Examen und der Wertung der ganzen Kammer unterbreiten, so muß er zu einem anderen Mittel greifen, das ihm die Geschäftsordnung an die Hand gibt, nämlich der Antragstellung (Art. 77 und 123 der Geschäftsordnung der Deputiertenkammer). Wie die Interrogation, so hat auch die Interpellation einen bestimmten Zeitraum für ihre Begründung, das ist der Montag jeder Woche (Art. 121 des Regl.). Die Interpellation wird von dem Präsidenten der Kammer bekannt gemacht, und zwar in der Sitzung, in der sie präsentiert ist. Nach dieser Ankündigung erklärt die Regierung entweder, daß sie zustimme, die Interpellation sofort oder in der folgenden Sitzung zu beantworten, oder sie erklärt, daß sie die Interpellation auf den gewöhnlichen Weg verweise, d. h. auf die Behandlung an dem Montag jeder Woche (das ist das sogenannte

---

[1]) Der Ausdruck stammt von Bentham in seiner Taktik Kap. 14: „debat strict" Oeuvres ed Dumont I, 411.

„rinviar al torno ordinario") oder daß sie die Interpellation zurückweise. Diese Erklärungen der Regierung dürfen nicht später als in der der Ankündigung folgenden Sitzung gemacht werden (Art. 120). Wenn spätestens in der auf die Ankündigung folgenden dritten Sitzung die Regierung überhaupt keine Erklärung gemacht hat, so wird die Interpellation als von ihr angenommen angesehen und auf den gewöhnlichen Weg der Montagsberatung verwiesen (Art. 120 in fine). Von der Befugnis, die Antwort auf eine Interpellation zu verweigern, wird gewöhnlich nur in zwei Fällen Gebrauch gemacht:

1. Handelt es sich um äußere Politik, so verweigern die Minister die Auskunft über internationale Pflichten, die der Staat auf sich genommen.

2. Betrifft die Sache die innere Politik, so wird die Antwort verweigert, wenn Interpellationen sich auf die Administration der Justiz beziehen[1]). Der gewöhnliche Zeitpunkt von Beratungen der Interpellationen ist die Montagssitzung (Art. 121). Früher stand es der Kammer zu, auch einen anderen Wochentag zu bestimmen. Seit 1907 trifft dieses nur in einem Falle zu und zwar im folgenden: Verweigert die Regierung die Antwort auf eine Interpellation, so kann der Interpellant im Gegensatz zum Interroganten verlangen, daß seine Interpellation an einem von ihm proponierten Tage entwickelt werde (Art. 120). Und wie nichts in der Welt die Kammer verhindert, sofort in die Wertung der Interpellation zu treten, so kann sie auch nichts hindern, zu beschließen, daß die Interpellation in der der Präsentation folgenden Sitzung gegen den Willen des Ministers verhandelt werde. Freilich kann infolge der Bestimmung der Verfassung (Art. 66), daß die Minister jederzeit gehört werden müßten, es geschehen, daß an dem Tage, der für die Begründung der Interpellation festgestellt ist, der Minister vor dem Interpellanten das Wort ergreift, um seine Erklärung abzugeben, und die Kammer daraufhin Beschlüsse faßt[2]). Die Replik auf eine Interpellation ist im Gegensatze zu der auf eine Interrogation eine Erklärung der Gründe, keine Konstatierung von Tatsachen und zwar eine Erklärung der Gründe, warum der Interpellant nicht zufrieden sei (Art. 123). Die Replik auf eine Interpellation hat im Gegensatz zu

[1]) Siehe Bragaglia a. a. O., S. 143.

[2]) Solches wäre z. B. in Dänemark nicht zulässig.

einer Replik der Interogation keine Zeitgrenze, insbesondere nicht die Grenze von fünf Minuten. Die Gründe der Satisfaktion oder der Nichtsatisfaktion des Interpellanten gegenüber der Regierung begründen ein Urteil über ihre Führung.

Der italienische Senat hat eine Form der Interpellation entwickelt[1]), die sich in einem Punkte wesentlich von der Kammer unterscheidet (Senatsreglement 13. bis 17. April 1883, Art. 78/79). Die Versammlung hört die Minister, entscheidet durch Erheben von den Sitzen oder Sitzenbleiben ohne irgendwelche Diskussion, an welchem Tage die Begründung der Interpellation stattfinden solle, oder sie beschließt die Verweisung auf eine unbestimmte Zeit. Das weitere Verfolgen einer Interpellation hat im Senate die Eigentümlichkeit gegenüber der Kammer, daß es auch jedem anderen Mitgliede, außer dem Interpellanten, gestattet, an der Diskussion teilzunehmen; hier findet also keine discussione ristretta statt. Die Behandlung der Interpellation hat auch im Senat Vorrang vor jedem anderen Gegenstand, der auf der Tagesordnung steht, ausgenommen die Interrogation und die Berichte des Petitions- und Rechnungsausschusses. Der Interpellant, der nicht anwesend ist, wird in beiden Kammern so angesehen, als ob er auf sein Recht verzichtet hätte.

Ein Versäumen seiner Interpellationsgelegenheit wird dem Abgeordneten in der Deputiertenkammer seit den neuesten Bestimmungen von 1907 nicht leicht begegnen, weil er ja in der Samstagsitzung genau erfährt, ob seine Interpellation in der darauffolgenden Montagsitzung zur Verhandlung kommt.

Zusammenhängende Interpellationen über ähnliche Gegenstände können zusammengelegt und zugleich diskutiert werden, abgesehen von ihrer Präsentationszeitfolge. Ist für den ersten Einbringer zusammengelegter Interpellationen der Tag, das ist ein bestimmter Montag, fixiert, so muß allen Einbringern konnexer Interpellationen dieser Zeitpunkt besonders mitgeteilt werden, damit sie bei der Beratung anwesend sind (Art. 122, in fine)[2]).

[1]) D. h.: er hat alles beim Alten gelassen und unterscheidet sich infolgedessen durch seine einfache Prozedur von der Kammer.

[2]) Se il primo dei proponenti chiede di svolgere quella da esso presentata, è dato immediato avviso del giorno fissato per lo svolgimento ai proponenti delle altre con essa congiunte.

Es entsteht die Frage, ob das Recht, eine Interpellation zu begründen, an einen anderen Parteigenossen abgetreten werden kann für ganz andere Zwecke oder ob die Kammer berechtigt ist, wenn eine Interpellation nicht begründet wird, demjenigen der über einen ähnlichen Gegenstand interpellieren will, das Wort zu erteilen. Der Präsident der Kammer hat sich in der Sitzung vom 27. Juni 1891 für die letztere Alternative entschieden[1]).

Die frühere Eigentümlichkeit, wonach wegen der Konnexität der Gegenstände gewisse Interpellationen auf die Budgetberatungen verschoben wurden, findet auch heute noch statt[2]), trotzdem ihre Nachteile sehr früh, wie wir gehört haben, hervorkamen.

Zum Schlusse sei bemerkt, daß in der Deputiertenkammer nunmehr der Grundsatz gilt, wonach Interpellationen, die drei Monate seit dem Zeitpunkt, da sie auf die Tagesordnung gesetzt sind, von ihren Autoren nicht weiter verfolgt wurden, als hinfällig betrachtet werden[3]). Da das souveräne Verfügungsrecht des Hauses über das Schicksal einer Interpellation mit dem Jahre 1907 dadurch aufhörte, daß die Montagssitzungen unverletzt zu ihrem Rechte kamen, ergab sich natürlich auch die Notwendigkeit, diese Verjährung von Interpellationen einzuführen.

§ 5 und 6. Spanien und Portugal.

I. Spanien. Geschichtliche Entwicklung.

In den verfassungsgebenden Cortes von 1836/7 tauchte zum ersten Male der Wunsch auf, das Interpellationsrecht vor dem Antragsrecht zu sondern. Der Mann, dem das Verdienst gebührt, diese scharfe Sonderung zuerst in Erwägung gezogen zu haben, ist Gomez Becerra[4]). In der Sitzung vom 29. Dezember 1836 führte er folgendes aus: Man müsse einen richtigen Modus procedendi vor-

---

[1]) Siehe Bragaglia a. a. O., S. 145f.

[2]) Siehe Bragaglia a. a. O., S. 147.

[3]) Art. 130 der Geschäftsordnung der Deputiertenkammer in der Fassung vom 12. Dezember 1907: Quando una mozione sia iscritta all'ordine del giorno da tre mesi, non computate le vacanze, e non sia determinata l'epoca o l'occasione del suo svolgimento, si intende decaduta e viene cancellata dall' ordine del giorno.

[4]) Siehe Diario de sesiones de las Córtes Constituyentes 1836/37, tomo 2, pag. 816.

schreiben, der bloß für Interpellationen, gesondert von gewöhnlichen Anfragen, gelten sollte. Er sagte insbesondere:

„Wie eine Interpellation einzubringen sei, das ist nicht vorgeschrieben; vergebens suchen wir in unserem Reglement einen Artikel, der diesen Punkt enthielte. Er existiert nicht, denn die Sache ist neu („Porque es Cosa nueva"). Wenn ich sage, daß die Sache neu ist, so meine ich damit nicht das Recht, welches jeder Abgeordnete besitzt, das seinen Funktionen inherent ist. Ich sage bloß, daß es nicht in unserem Reglement geschrieben ist, denn in der vergangenen konstitutionellen Epoche hatte man keine Interpellationen von dieser Art[1]). Wenn damals ein Deputierter eine Interpellation an die Regierung stellte, so brachte er einen Antrag (proposicion) ein, bei welchem man in folgender Weise vorging. Es wurde der Antrag zugelassen, er wurde diskutiert, angenommen und dann erst kam der Zeitpunkt, indem die Regierung erklärte, ob und wann sie auf Interpellationen antworten wollte. Nun, da wir dem Beispiel der anderen Nationen folgen, welche uns in der parlamentarischen Praxis vorangeschritten sind, hat man bei uns einen anderen Modus, eine andere Methode allmählich einzuführen begonnen.

Aus diesen Ausführungen ergibt sich, daß die Sache vor dem Antrag Gomez Becerra eine im spanischen Parlamente unbekannte war, die sich nur allmählich durch ausländisches Vorbild im Parlament einzubürgern begann. Der genannte Abgeordnete Becerra erzielte auch, daß sein Antrag der Gesetzgebungskommission zur Begutachtung unterbreitet wurde. Aber es wurde schon gleich damals sowohl von Becerra als auch von dem Hause selbst die Meinung akzeptiert, daß zur Regelung des Interpellationsrechtes keineswegs Gesetze notwendig seien, sondern daß sich das als interne Angelegenheit auf dem Wege der Geschäftsordnung durchführen ließe[2]).

---

[1]) „Pues en la otra época constitutional no se hacian las interpelaciones de este modo." Diario a. a. O.

[2]) „Como en la proposicion no propongo ni un proyecto de ley, ni un proyecto de decreto ó resolucion general y transcental á toda la Monarquía, sino una disposicion puramente reglamentaria para el gobierno interior de las Córtes."

Gleichzeitig um dieselbe Zeit beriet die Gesetzgebungskommission auch über einen anderen Antrag des Abgeordneten Caballero, der ebenfalls eine Neuerung im Interpellationsrecht, wie es urwüchsig von selbst entstanden war, einführen wollte. Die Änderung sollte darin bestehen, daß der Präsident nicht, wie er es bisher durfte, nach der Antwort des Ministers jede weitere Diskussion ausschloß, sondern diese Diskussion zulassen mußte[1]). Die Gesetzgebungskommission sprach sich über beide Anträge in der Folge günstig aus und verband sie zu folgendem Vorschlage über die Regelung der Interpellationen[2]):

§ 1. Wenn ein Deputierter an das Ministerium irgendeine Interpellation richtet, in der Absicht um Aufklärung über einige wichtige Punkte des öffentlichen Interesses zu erlangen[3]), so präsentiert er eine schriftliche Formulierung, in der er den Gegenstand der Interpellation näher bezeichnet und verlangt, daß die Cortes die Anwesenheit des kompetenten Ministers wünschen.

§ 2. Die schriftliche Formulierung der Interpellation wird verlesen, die Cortes beschließen dann, ob eine Diskussion stattfinden soll oder nicht, und je nachdem das eine oder das andere von der Cortes angenommen worden ist, wird das Schriftstück der Interpellation dem Minister oder Staatssekretär in Form einer Abschrift zugeschickt und um seine Anwesenheit in der Cortessitzung ersucht. Wenn nun diese wirklich erfolgt, so erhält der Interpellant das Wort. Wenn die Interpellation erfolgt ist, wird der Minister antworten, wenn es ihm für gut scheint. Wenn er die Interpellation öffentlich beantwortet, so wird das Wort noch denjenigen Abgeordneten erteilt, welche darum bitten, und zwar so lange, als die Cortes nicht erklären, daß der Punkt genügend diskutiert sei. Bei dieser Diskussion müssen sich die Sprecher auf den in Frage stehenden Gegenstand beschränken und dürfen hierher nicht gehörige Einzelheiten nicht hereinziehen.

§ 5. Wenn der Minister erklärt, daß er nicht ohne Nachteil für das allgemeine Wohl antworten kann, dann ist die Sache damit erledigt[4]).

---

[1]) Siehe Diario a. a. O., Bd. 1, S. 429.

[2]) Siehe Diario a. a. O., Bd. 6, apendice tercero al numero 226.

[3]) „Afin de quede explicaciones sobre asuntos graves de interés publico."

[4]) „Quedera con esto terminado el asunto por entonces."

§ 6. Wenn irgendein Abgeordneter in Anwesenheit des Ministers, an den er sich wenden kann, um das Wort bittet, um eine kleine Frage (pregunta sencilla) zu richten, so wird ihm der Präsident dieses gestatten. In diesem Falle darf aber die Frage nur in wenigen und kurzen Worten gestellt werden, ohne vorherige oder nachfolgende Diskussion. Wenn der Minister die Antwort erteilt, so folgt der Übergang zur Tagesordnung.

§ 7. Das Vorgesagte findet statt, ohne die im Reglement vorgeschriebene Art, die Minister zur Verantwortung zu ziehen, irgendwie zu tangieren.

Diese Vorschläge der Gesetzgebungskommission wurden in der konstituierenden Versammlung auf den Tisch des Hauses gelegt[1]). Bemerkenswert ist, daß hier zum ersten Male ein scharfer Unterschied zwischen Interpellationen und bloßen Anfragen gemacht wird, indem die ersteren sich bloß auf „wichtige öffentliche allgemeine Interessen" beziehen sollen, die letzteren kurz und bündig gestellt und beantwortet werden müssen ohne weitere Diskussion. Erst in der folgenden ersten Legislaturperiode der ordentlichen Gesetzgebungskörperschaft vom Jahre 1837 fand er eine, wenn auch nicht vollständige Sanktionierung. Die Geschäftsordnung des Deputiertenkongresses von 1838 verfügte, als erste der spanischen Geschäftsordnungen, in den Art. 120 ff. das Recht der Interpellationen.

Art. 120 lautet:

„Jeder Abgeordnete hat das Recht, Minister zu interpellieren, indem er es zuvor ankündigt, mündlich oder schriftlich, und in beiden Fällen genau den Gegenstand der Interpellation angibt."

Art. 121:

„Wenn die Ankündigung mündlich erfolgt, und der Minister anwesend ist, so kann er gleich antworten oder sich eine Zeit vorbehalten, um auf die Frage zu antworten, ob die Regierung es für zweckmäßig halte Aufschluß über den gedachten Gegenstand zu geben und wann."

Art. 122:

„Dasselbe findet statt, wenn die Interpellation dem Minister auf schriftlichem Wege zugegangen und der

---

1) Siehe Diario a. a. O., Bd. 6, S. 4425.

Regierung durch das Sekretariat des Kongresses übermittelt worden ist."

Art. 123:

„An dem durch den Minister festgesetzten Tage begründet der Deputierte seine Interpellation ausdrücklich und in angemessener Form. Der Minister antwortet und der interpellierende Deputierte oder irgendein anderer kann darauf antworten. Wenn drei Deputierte pro und drei contra gesprochen haben, so kann der Minister, wenn er es für zweckmäßig hält, die Anfrage stellen, ob man nicht zu einem anderen Punkte der Tagesordnung übergehen wolle."

Art. 124:

„Als Resultat der Interpellation können die Deputierten Anträge stellen, und zwar in derselben Sitzung oder in der nachfolgenden."

Die Nachteile des Interpellationsrechtes, wie sie ja bei seiner ersten Einführung unvermeidlich waren, zeigten sich auch schon gegen Schluß dieser Legislaturperiode. Man klagte über die ungewöhnliche Länge der Interpellationen, die Verzettelung der Zeit durch solche, was nur auf Kosten der gesetzgeberischen Arbeiten erfolgen könnte. Es war in der Sitzung vom 29. Januar 1838, daß der Abgeordnete Quijana auf diesen Mißstand aufmerksam machte[1]). Indem er einen Antrag Muro auf Einschränkung des Interpellationsrechtes unterstützte, verlangte er insbesondere das Wegfallen der Mindestzahl von drei Rednern pro oder contra und meinte, die Schwierigkeit der Interpellationen werde erst jetzt während der ordentlichen Legislatur erkannt, da die konstituierenden Cortes, in welchen sich zuerst der Wunsch nach einem Interpellationsrecht geltend gemacht hätte, doch die bequeme Art ihrer Erledigung besaßen, daß die Interpellation gewöhnlich im Einverständnis mit der Regierung vorgebracht wurde. Dieses habe sich nun geändert und deshalb verlange er die Einschränkung des Interpellationsrechtes. Ihm erwiderte der Deputierte Sancho in einer sehr zutreffenden Art, daß die Interpellation ein Recht der Minorität sei, daß man diese nicht verkürzen könne; auch gehe es nicht an, Interpellationen als Zeitvergeudung zu bezeichnen, da die Aufgabe der parlamen-

[1]) Siehe Diario a. a. O. Legislatura de 1838, Bd. 3, S. 1408.

tarischen Körperschaften nicht bloß die Gesetzgebung, sondern auch die Kontrolle der Verwaltung sei[1]).

Offenbar schwebte ihm bei dieser Ausführung die Ansicht Rossis vor, der zuerst den Gesichtspunkt der Verwaltungskontrolle in das Interpellationsrecht eingeführt hatte. Bemerkenswert ist ferner die Art, mit welcher Sancho die drei Reden pro und contra in der Diskussion als Recht der Minorität gegenüber der Vergewaltigung durch die Majorität bezeichnete[2]). „Pero tiene, sin embargo, que aguantar, tres que habler en contra y tres en pró, porque la minoría tiene ese derecho y le debe mantener" (Diario a. a. O., S. 1409).

Der Antrag auf Einschränkung des Interpellationsrechtes im gedachten Sinne fiel demnach 1838 durch und es blieb alles beim alten. In dem Reglement von 1838 wird der Unterschied zwischen preguntas und interpelaciones nicht durchgeführt. trotzdem die

---

[1]) „Yo convengo con el Sr. Quijana en que nuestro deber principal es hacer leyes, pero no el único: nuestro objecto es tambien vigilar al Gobierno, dirigir éste la parte que está en nuestras atribuciones, su marcha, porque el Gobierno propiamente hablando en la acepcion más lata de esta palabra. se compone de todos los Cuerpos, que tienen parte en la formacion de las leyes. Así nosostros tenemos ese derecho esencialísimo en el sistema representativo, por lo cual no se puede decir que el dia que se hace una interpelacion se pierde el tiempo. Por desgracia muchas interpelaciones que se han hecho no han producido más resultado que perder tiempo, lo conozco; pero sin embargo, puede haber casos en que este derecho sea muy precioso y por eso el Reglamento establece lo que debe, lo demás entra en la prudencia de los Disputados, y sobre esto llamo su atencion porque efectivamente quizá se abusa." Diario a. a. O., 1408.

[2]) „A qui tambien es necesario que tenga la latitud la minoría, porque será regularmente la que hable en las interpelaciones. La mayoría cuando se trata de un negocio que no le acomoda, en preguntándose si esta suficientemente discutido, dice que sí; y no está, digo, hecho el reglamento para la mayoría porque ésta cuando quiere resuelve las cosas.

Es menester dejar á la minoría los brazos abiertos para ejercer este derecho de censura del Gobierno, que es tambien censura de la mayoría, que determina la opinion pública y que á veces hace cambiar á la mayoría en minoría en virtud de este lenguaje parlamentario.

Puede muy bien haber una proposicion de tal naturaleza que desde el momento en que se hace la desecharia la mayoría; pero tiene sin embargo que aguantar tres que habler en contra y tres en pro, porque la minoría tiene ese derecho y se le debe mantener. De la misma manera, hecha una interpelacion, podria decirse que habia bastante con hablar uno; pero se ha tomado ese término medio de que hablen tres Diputados para que tenga la minoría este derecho." Diario a. a. O., S. 1409.

Geschäftsordnungskommission der konstituierenden Cortes, wie wir wissen, auf diesen Unterschied angetragen hatte. Er findet sich erst in dem Reglement von 1847. Den Anstoß zur Unterscheidung gab wohl jene Bemühung der Kammer, der das Reglement von 1847 seine besondere Existenz verdankt. Sie war entsprechend dem in den Cortes seit 1845 vorherrschenden Niedergang der Progressisten[1]) auf Umbildung der Geschäftsordnung im reaktionären Sinne gerichtet. Einer der umzubildenden Punkte war die bisherige Sitte, Interpellationen bei Gelegenheit der Beantwortung der königlichen Botschaft zu Beginn der Session zu stellen. Diese Sitte wollte man einschränken und Diskussionen nach dieser Richtung hin begrenzen. Wie in Frankreich[2]) nach englischem Muster die Beantwortung der königlichen Botschaft zu Beginn der Session durch Adresse zu erfolgen pflegte, so fand dies auch in Spanien bis 1847 statt. Französisches Vorbild war ja bis in die Mitte der dreißiger Jahre in Spanien maßgebend. In beiden Ländern sah man aber mit einer Beantwortung der einzelnen Punkte der königlichen Thronrede die Sache durchaus nicht für erledigt an, sondern hielt sich auch für verpflichtet, Fragen, Interpellationen, Rekriminationen u. dgl. m. an die Regierung zu richten. Ein Bild dieser Verhältnisse gibt der Marqués de Gerona, der den Antrag auf Einschränkung dieser Sitte stellte[3]). Er verurteilte sie, weil sie die große Länge der Debatten verursachte, aber das Interpellationsrecht selbst wollte er nicht einschränken. Er bezeichnete es sogar als: „Derecho de los Diputados para investigar la conducta del Gobierno, y el examen de sus principios, politicos y su aplicacion practica en la administracion y de hacer la aplicacion de los suyos los contrarios, los que se sientan en los bancos de la oposicion."

Zur Beseitigung jenes Mißstandes, der übrigens auch in Frank-

---

1) Siehe Gmelin, Studien zur spanischen Verfassungsgeschichte, Stuttgart 1905, S. 98ff.

2) Barthélemy, L'introduction du Régime Parlamentaire en France, Paris 1904, p. 225ff.

3) Diario de la sesiones 1846/47, tomo 2, p. 892ff.: „De qué lado del Congreso saldria la proposicion que aboliese la costumbre de discutir largamente el discurso de la Corona sin ... ya de entrar en las cuestiones políticas, ya de hacerse recriminaciones recíprocas, ya, en fin, para dar suelta ó las passiones, que si malas llevadas á un ex tremo, son el alma y indole de los gobiernos representativos?"

reich bei Einführung des parlamentarischen Systems unter Ludwig XVIII. vorkam[1]), auf dem Wege solcher Adressen Interpellationsgegenstände und andere Sachen in die Debatte zu ziehen, gewissermaßen die Adresse in ein Vertrauens- oder Mißtrauensvotum der Regierung ausklingen zu lassen, waren damals zwei Wege vorgeschlagen. Einer, der von sehr konservativer Gesinnung zeugte, wollte die Debatte über die Thronadresse überhaupt ausschließen und sie bloß als formelle Ehrenbezeugung gegenüber dem König erscheinen lassen[2]). Auf diese Weise sollte sie bloß als Formalität von bestimmten Personen zuvor fixiert werden. Interpellationen, Initiativanträge, Fragen sollten an ihren passenden Ort außerhalb der Thronrede verwiesen werden. Das Judicium, das das Parlament über die Regierung durch diese Mittel geführt hatte, sollte aber durch jenen Antrag keineswegs beseitigt werden[3]).

Ein zweiter Antrag, der dann später durchdrang, war von dem Gedanken geleitet, die Diskussion über die Thronadresse nicht gerade abzuschaffen, aber die bei der Gelegenheit üblichen Interpellationen und Fragen auszuscheiden. Man wollte bloß einen bestimmten Zeitraum für die Diskussion der Adresse bestimmen und bezweckte damit dasjenige zu erreichen, was man erreichen wollte, nämlich die Statistik der Parteien über die wichtigsten Programmpunkte gleich zu Beginn der Session[4]), oder wie der Abgeordnete Marqués de Gerona

---

[1]) Siehe Barthélemy a. a. O., S. 225 u. 229.

[2]) Diario a. a. O. „Y que sea un mero homenaje como hoy, y que sea un mero homenaje de respecto a S. M.“ Ähnlich äußerte sich schon 1821 der französische Abgeordnete Courvoisier in der Kammer: „Les adresses sont d'homage et non d'accusation“ (Arch. parl. 2. série, t. XXXII, p. 588).

[3]) „Hé aquí cómo á pesar de esa reforma que se quiere hacer en la discusion de la contestacion al discurso de la Corona, por su iniciativa, por la facultad de interpelar al Gobierno, y por la de presentar las proposiciones que tengan por conveniente y entrar en las cuestiones que deseen promover, conservan el importante derecho de presentar ante el pais la conducta del Gobierno y de llmar al Gobierno mismo a este juicio noble y decoroso que ante el Parlamento esta obligado a sufrir.“ Diario a. a. O.

[4]) Sin embargo podria decirse que cuando el Congreso se reune por primera vez es nècesaria esta discusion para pue queda formase la estadística, como suele decirse, de las fracciones del Parlamento para que se sepá cuál es la mayoría y la minoría. Esto es claro que exige un debate, una discusion, exige una contienda, una lucha. Y esta lucha es el objete segundo a que la proposicion se dirige. Cualquiera de los Sres. Diputados conocera que por ella se fijan las condiciones para que se pueda entrar en el debate; condiciones

sagte, die „estadistica de las fracciones del Parlamento“ herbeizuführen und die Möglichkeit, Mißtrauensvoten (enmienda) im Anschluß an die Beantwortung der Thronadresse zu erteilen. Infolgedessen ergab sich die Notwendigkeit, das Interpellationsrecht, insbesondere das Anfragerecht an die Regierung auf andere Weise auszudehnen, und deshalb führte das Reglement von 1847 neben dem Interpellationsrecht noch ein Fragerecht ein. Im übrigen steht das Reglement von 1847 ganz auf der Grundlage des Reglements von 1838. Die heutige Geschäftsordnung des spanischen Deputiertenkongresses ist aber nichts anderes als das 1876/77 in Kraft gesetzte „Reglamento“ vom 4. Mai 1847[1]).

II. Das heute geltende Recht der Fragen und Interpellationen.

1. Interpellationen.

In dem Deputiertenkongreß hat jeder Deputierte das Recht, die Minister zu interpellieren, indem er im voraus seine Absicht mündlich oder schriftlich kundtut und in beiden Fällen in klarer Weise den Gegenstand seiner Interpellation bezeichnet[2]). Der Interpellant kann seine Interpellation mündlich vorbringen, wenn der kompetente Minister anwesend ist. Dieser kann sofort antworten oder sich Zeit für die Antwort lassen, je nachdem er es für gut findet, die gewünschten Erklärungen an dem für die Begründung der Interpellation festgesetzten Tage zu geben[3]). Daraus ergibt sich deutlich, daß der Minister die Antwort, wenn sie negativ ausfällt, nicht verschleppen darf; gleiches findet statt, wenn die Interpellation in schriftlicher Form durch das Sekretariat des Bureaus der Regierung

que la comision en su caso podrá variar y poner las que se reconozcan como mejores, pues nosotros no hemos hecho mas que indicarlas. Por ellas, cualquiera de los señores Diputados tiene el derecho de promover la cuestion que quiera, en la cual, sometiéndose á juicio los hechos á que se refiera, el Gobierno pueda defender su conducta, la oposicion combatirle censurando sus actos, y el Parlamento decidir sobre la enmienda presentada.

Esta enmienda será objeto de una discusion ancha, extensa, tan luminosa como los Sres. Diputados puedan desear, y dara el resultado positivo de dejar en una o dos sesiones á lo más deslindados los indivíduos que pertenecen á la mayoría, deslindados los que pertenecen á la minoría.“

1) Siehe Diario de sesiones del congreso 1876/77, Bd. 1, S. 12ff. u. 232ff.

2) Art. 163 der span. Geschäftsordnung des Deputiertenkongresses.

3) Art. 164.

mitgeteilt wurde. An dem von der Regierung für die Beantwortung der Interpellation festgesetzten Tage setzt der Deputierte seine Interpellation in schicklicher Form auseinander; die Regierung beantwortet sie und der interpellierende Deputierte oder sonst ein anderer kann antworten. Wenn drei Deputierte pro und drei Deputierte contra gesprochen haben, so kann der Minister, wenn er es für gut findet, die Frage an die Kammer richten, ob sie zu einem anderen Punkt der Tagesordnung übergehen wolle[1]). Wir wissen, daß dieses Recht der Diskussion von drei Rednern pro und contra als Recht der Minorität schon im Jahre 1838 von Sr. Sancho erkannt war. Als Resultat der Interpellationen können die Deputierten Anträge stellen, welche ihnen gut scheinen und zwar in derselben Sitzung oder in der nachfolgenden[2]).

2. Fragen.

Die Deputierten können außerdem Fragen (preguntas) an die Regierung über Gegenstände des öffentlichen Interesses richten (asuntos de interes publico), worauf die Regierung, wenn sie es für gut findet, entweder sofort oder später antworten kann. Eine weitere Diskussion darüber findet nicht statt. Dieses ist zwar nicht ausdrücklich in der Geschäftsordnung des Deputiertenkongresses vorgeschrieben. Es ergibt sich dieses aber aus dem zweiten Satze des Art. 168, daß der Abgeordnete, wenn er das Resultat der Antwort auf irgend eine Frage für nicht genügend hält, den für die Interpellation festgesetzten Modus verfolgen muß. Daraus folgt einerseits, daß ohne weiteres keine pregunta in eine Interpellation umgewandelt werden darf, anderseits ergibt sich weiter daraus, daß nicht einmal mit Genehmigung der Kammer eine solche Umwandlung stattfinden kann, wie dieses z. B. in Frankreich der Fall ist. In gleicher Form können Fragen der Deputierten an das Bureau oder an die Kommissionen über den Stand der schwebenden Verhandlungen gestellt werden.

3. Das Interpellationsrecht im Senat.

Das Interpellationsrecht im Senat unterscheidet sich von dem des Deputiertenkongresses nur dadurch, daß hier Garantie der

[1]) Art. 166. [2]) Art. 167.

Minorität in Gestalt der drei Reden pro und contra, wie wir sie oben kennen gelernt haben, nicht gegeben ist. Es findet sogar überhaupt keine Debatte im Anschluß an die Interpellation statt[1]). Selbstverständlich ist auch hier jede Debatte im Anschluß an bloße Fragen (preguntas) ausgeschlossen.

III. Portugal.

In bezug auf Interpellationen herrscht in der portugiesischen Deputiertenkammer (Camera dos dipudados)[2]) folgende Verhandlungsform:

Der Deputierte, welcher zu interpellieren wünscht, muß seine Interpellation schriftlich im Bureau des Präsidenten deponieren. Der erste Sekretär des Bureaus übergibt an demselben Tage eine Abschrift derselben dem kompetenten Minister. Wenn der Präsident die Nachricht erhalten, daß der Minister zur Beantwortung bereit sei, so stellt er aus eigener Machtvollkommenheit den Tag der Diskussion fest. In der Diskussion hat allein der Interpellant und der Interpellierte das Recht, das Wort zu ergreifen, und jeder von beiden darf nur zweimal sprechen. Es herrscht also hier ebenfalls die beschränkte Diskussion, wie wir sie im italienischen Rechte kennen gelernt haben. Nur wenn die Interpellation von großer politischer Bedeutung und Wichtigkeit ist, ist die Debatte über sie unbeschränkt. Dadurch wird also in der Praxis ein Unterschied gemacht, der dem in anderen Parlamenten gegebenen Unterschied zwischen Fragen und Interpellationen entspricht. Die Debatte schließt mit einer Resolution, welche der Meinung der Kammer Ausdruck gibt. Zu dieser Resolution kann jeder Abgeordnete Amendements stellen. Ähnliche Normen gelten für den Senat (Camera dos pares).

§ 7. Belgién.

I. Geschichtliche Entwicklung.

In Belgien bestand bis zum Jahre 1889 keine formelle Anerkennung des Rechtes der Interpellation, wenngleich es auch

[1]) Art. 183 der Gesch.-Ordn. d. Senats.

[2]) Siehe La grande Encyclopédie, Paris, sub verbo parlamentarisme, p. 1168.

bis dahin schon seit den Tagen des Nationalkongresses[1]) sehr praktisch gewesen war. In der Praxis waren Fragen und Interpellationen durcheinander gemengt. Erst durch eine Resolution vom 14. Juli 1889 führte die Geschäftsordnung für die Repräsentantenkammer einen neuen Artikel 31 ein. Derselbe lautete (Ann. parl. séance du 13. juin 1889, p. 1385):

„Le membre qui se propose d'interpeller le gouvernement fait connaître son intention et l'objet de son interpellation soit par motion d'ordre soit par une déclaration écrite au président, qui en donne lecture à la Chambre.

La Chambre fixe, par assis et levé, immédiatement ou à la séance suivante, si le gouvernement le demande, le jour où l'interpellation aura lieu.

Elle ne peut, en aucun cas, être remise à plus de huit jours sans le consentement du membre qui a fait la motion."

Es war hier offenbar französisches Vorbild maßgebend. Das Recht der Interpellation war durch diese formelle Anerkennung zu sehr zu einem Sanctissimum des Individuums geworden. Die Kammer mußte sich am Schlusse der Sitzung, in der die Interpellation vorgebracht wurde, darüber entscheiden, daß sie Diskussion vornehmen wollte, spätestens sollte es, wenn die Regierung es verlangte, die nächstfolgende Sitzung sein; in keinem Falle durfte sie länger als acht Tage nach der Einbringung der Interpellation mit der Diskussion zögern, es wäre denn, daß der interpellierende Abgeordnete zugestimmt hätte. Die Folge dieser zu sehr das Recht des Individuums schützenden Bestimmung war, daß schon im Jahre 1896 wenigstens die schriftliche Einbringung der Interpellation verlangt wurde, wodurch Interpellationen aus dem Stegreife verhindert wurden[2]). Die Obstruktionspolitik der ins Parlament neu eingetretenen Sozialisten[3]) machte eine Neuregelung nötig, und im einzelnen ergibt die damalige Beratung der Geschäftsordnungs-Kommission folgendes Bild: Zunächst machte man auf die Inkon-

---

[1]) Siehe Huyttens, Discussions de Congres National de Belgique, II, 228; III, 47, 50, 107, 108.

[2]) Chambre des représentants documents 1896/97 pièce justificative No. 16.

[3]) Siehe Bulletin de la Société de législation comparée 1896/97, p. 607.

vienzen aufmerksam, die daraus entstehen könnten, daß eine zu große Freiheit den Interpellanten überlassen sei, zu bestimmen, was sie Interpellation nennen und was vielleicht eine bloße Anfrage zur Aufklärung sei. Auch wurden Einwendungen gegen die bloße achttägige Aufschiebung der Diskussion erhoben; man verwies auf die französische Kammer der Deputierten, wo der Zeitraum, bis zu dem die Diskussion verschoben werden konnte, doch einen Monat betrage; man wies ferner darauf hin, daß dieses französische Reglement wohl zwischen der einfachen Frage und der Interpellation unterscheide. Man wies ferner auf England, wo die Vorfrage (avis préalable) von dem Präsidenten gestellt werden muß, ob in die sofortige Debatte einzugehen sei, daß die ordre du jour, welche die Interpellation zu beschließen habe, der Vorfrage wörtlich als Text beizulegen sei[1]). Dieser Text bilde die Grundlage der weiteren Diskussion, und der Präsident wache darüber, daß man von ihm nicht abschweife. Der Zweck dieser Bestimmung sei von vornherein, die Grenzen der Debatte zu fixieren. Dieses System habe den Vorteil, unter Zulassung von Amendements zu dem unterbreiteten Text dennoch die Grenzen der Debatte zu umschreiben und sie dadurch abzukürzen. Außerdem müsse dieser Text der ordre du jour verlesen werden. Man wollte dadurch vermeiden, daß Interpellationen aus dem Stegreif gemacht werden. Neben den Interpellationen gebe es noch questions, das wären einfache Anfragen zur Aufklärung. In England werde eine große Strenge dabei beobachtet über die Form der eingebrachten questions. Namentlich unter dem Einfluß des englischen Vorbildes wurde innerhalb der Kommission von 1897/98 der Vorschlag unterbreitet, den Unterschied zwischen Anfragen und Interpellationen, als welche man offenbar die englischen Dringlichkeitsanträge ansah, anzunehmen und bei den Interpellationen nur den geschriebenen Text der Interpellation zur Grundlage der Debatte zu machen. Auf der anderen Seite aber erkannte man wohl, daß die Grenzlinie zwischen Question und Interpellation schwer zu ziehen sei. Der Interpellant, der eine Debatte provozieren wolle, sei immer in der Lage, die Vorschriften der Geschäftsordnung zu umgehen, indem er unter dem Deckmantel der Aufklärung wirkliche Interpellationen stelle und

[1]) Gemeint war hiermit das Verfahren bei Dringlichkeitsanträgen.

Debatten provoziere. Ferner das Verbot, einem Mitgliede der Regierung zu replizieren[1]), sei wider die belgische Tradition. Der Deputierte, dem eine solche Replik verboten würde, könnte in einer anderen Form die Debatte wieder von neuem beginnen, wenn es nötig wäre, sogar in der Form der Interpellation[2]). So sei man auch in Frankreich endlich dazu gelangt, selbst bei der einfachen Question dem Deputierten, der die Question stellt, zu gestatten, dem Minister kurz zu antworten. (Bis zum Jahre 1874 war dies Replik verboten.) Die Frage, ob der Minister das Wort wieder ergreifen könne, nachdem das anfragende Mitglied gesprochen, also eine Art von Duplik für den Minister zulässig wäre, sei in der Deputiertenkammer bestritten. Um so mehr habe aber diese das Recht, darüber zu entscheiden, daß eine Question in eine Interpellation verwandelt werden dürfe. Es wurde sogar innerhalb der Kommission besonders hervorgehoben, daß in einem Lande wie Belgien, dessen Parlament selten Gegenstände der auswärtigen Politik zu traktieren habe, die Abgeordneten die größtmöglichste Freiheit haben müßten, die innere Politik und Verwaltung zum Gegenstand einer Interpellation zu machen. Es wurde in der Kommission ferner festgestellt, daß die Übung der Deputiertenkammer dahin gehe, unter Zustimmung der verschiedenen Parteien die Interpellationen, welche nicht die allgemeine Politik betreffen, an das Ende der Sitzung zu verschieben. Es wurde deshalb der Kommission vorgeschlagen, denjenigen Interpellationen, welche die allgemeine Politik beträfen, an den Dienstagen eine Vorzugsstellung zu geben. Bezüglich der Verpflichtung, die Diskussion der Interpellationen nicht über acht Tage hinauszuschieben, sowie sie im Reglement stünde, meinte die Kommission, könnte sie Anlaß zu Inkonvenienzen geben, aber diese Inkonvenienzen seien nicht schwer genug, um den Zeitraum z. B. auf zwei Wochen zu verlängern. Das waren die Gesichtspunkte der Kommission von 1896/97. Sie kondensierten sich zum Art. 32, 33 der Geschäftsordnung von 1897, welche wie folgt lauteten:

Art. 32: „Le membre qui désire poser une question au Gouvernement en remet le text écrit au président, qu'il fait

[1]) Wie es in England besteht.

[2]) Wie das ebenfalls in England möglich ist durch Stellung der sogenannten Dringlichkeitsanträge, Anm. des Verf.

insérer au Compte-rendu analytique et aux Annales parlamentaires sous une rubrique spéciale et sous son numéro d'ordre, à l'ordre du jour de la séance où il y doit être répondu.

Le minister en cause répond au début de la séance du mardi suivant, à moins que, d'accord avec celui-ci la Chambre ne déclaire l'urgence.

Sitôt leurs explications échangées, l'incident est clos."

Art. 33. „Le membre qui se propose d'interpeller le Gouvernement fait connaître au président l'objet de son interpellation par une déclaration écrite.

Le président donne lecture de ce document et, le Gouvernement entendu, la Chambre statue par assis et levé sur la date à laquelle l'interpellation aura lieu.

Elle ne peut en aucun cas être différée au-delà de huit jours sans le consentement de son auteur."

Das Resultat war also: 1. die Einführung des Unterschiedes zwischen Question und Interpellation; 2. die questions wurden auf den Dienstag konfiniert; 3. bezüglich der Interpellationen blieb es bei der früheren Fixierung des Diskussionstermines, der aber ohne Zustimmung des Interpellanten nicht länger als über acht Tage hinausgeschoben werden durfte.

II. Das heute geltende Recht.

Als einleitenden Kommentar zu dem heute geltenden Rechte bringen wir zunächst den Bericht des Geschäftsordnungs-Ausschusses von 1901. Er erklärt am besten den Zweck der geltenden Bestimmungen. Im Jahre 1901 sagte eine Kommission zur Abänderung der Geschäftsordnung, die von der Repräsentantenkammer eingesetzt war, in ihrem Berichte (documents, Chambre des représentants 1900/01, Nr. 127):

„Das Recht der Interpellationen ist eine sehr wertvolle Prärogative des Parlaments und speziell der Minoritäten. Sie sichert eine effektive Kontrolle der Handlungsweise der Exekutivgewalt und gestattet der öffentlichen Meinung, schwere Belastungsmomente der Regierung bekannt zu geben, um die öffentliche Meinung dafür in Bewegung zu setzen[1])."

[1]) „Il assure l'efficacité du contrôle des agissements du pouvoir et permet de signaler à l'opinion publique les faits graves de nature à l'émouvoir légitimement."

Infolgedessen ist es von vornherein ausgeschlossen, dieses Recht irgendwie einzuschränken, und dennoch wird damit wirklich Mißbrauch getrieben. Die Zahl der Interpellationen vervielfacht sich derart, die Diskussion und Debatten, welche sie hervorrufen, vermehren sich derart ins Endlose, die Zeit, die sie in Anspruch nehmen, ist so groß, daß alle parlamentarischen Arbeiten darunter leiden. Die Etatsvorlagen werden nicht ernstlich geprüft, und der Senat beklagt sich mit Recht, daß er viel zu spät von den Entwürfen und Vorschlägen der Repräsentantenkammer in Kenntnis gesetzt werde, so daß es ihm oft nicht möglich sei, diese zu diskutieren, und sein Amendementrecht dadurch illusorisch gemacht werde. Im Jahre 1897 hatte die Kammer daran gedacht, daß sie durch Einführung der Question ihre Mitglieder veranlassen könnte, auf Interpellationen von nur lokalem Charakter und von geringer Bedeutung zu verzichten; drei Jahre der Praxis haben aber genügt, um sie davon zu überzeugen, daß das Remedium, weit davon entfernt wirksam zu sein, neue Verschleppungen herbeiführt. Die Zahlen der Interpellationen haben nicht aufgehört zu wachsen, und diejenigen der questions ist erschreckend groß. Es genügt, um sich einen Begriff von der fortwährenden Vergrößerung des Übels zu machen, einen Blick nur auf die Tagesordnungen der Dienstage zu werfen. Der kleinste, unbedeutendste lokale Vorfall, die geringste Sache gibt Anlaß zu einer Question, ja sogar zu einer Interpellation. Deshalb hat die Kammer zu verschiedenen Malen versucht, diesen Überfluß und diese langweilige Logomachie einzuschränken. Sie hat Interpellationen an den Schluß der Sitzungen gestellt, sie hat ferner in gemeinsamer Übereinstimmung ihrer Mitglieder die Sitzungen des Dienstages den Interpellationen gewidmet, sie hat unter bestimmten Umständen die Ausdehnung der Diskussion beschränkt; aber all diese Anstrengungen sind vergeblich geblieben, deshalb sucht man heute nach einem anderen Mittel. Eines der Mitglieder schlug vor, die mündliche Beantwortung der Frage zu beseitigen und sie in Zukunft bloß als eine gedruckte Beantwortung in den stenographischen Verhandlungsberichten und dem Protokolle zu vermerken. Die Kommission vereinigte sich einstimmig auf die Idee, die mündlichen Antworten zu beseitigen, sie hielt es aber außerdem für notwendig, daß die Veröffentlichungen der Antworten in den stenographischen Berichten genügen. In dem Protokolle sollte bloß der Gegenstand der questions erwähnt werden, die Antworten sollten spätestens innerhalb acht Tagen gebracht werden. Auch wurde übereinstimmend festgestellt, daß eine Frage von nicht mehr als drei Mitgliedern unterzeichnet werden dürfte. Diese neuen Bestimmungen sollen den bisherigen Art. 32 des Reglements ersetzen. So viel über die Question.

Was die Interpellation anlangt, so sollte der Art. 33 folgenderweise modifiziert werden. Der Zweck der Modifikationen ist, die Übung des Interpellationsrechtes mit dem notwendigen guten Funktionieren des Parlamentsreglements zu vereinigen, auf Grund einer Entscheidung der Kammer. Dieser Entscheidung solle man sich immer versichern. Wenn es sich um eine Interpellation eines wichtigen Gegenstandes und allgemeinen Interesses handelt, sollen die Interpellationen in Gemäßheit des Reglements auf die Dienstagssitzungen beschränkt werden. Bisher hatte freilich die Kammer in Wirklichkeit die Interpellationen auf die Tagesordnung des Dienstags gestellt, aber es erschien einem jeden Autor einer Interpellation rätlich, sich zu versichern, daß in Gemäßheit des Art. 33 des bisherigen Reglements eine Interpellation nicht über acht Tage hinausgeschoben werden solle. Die Interpellation ist an den Minister gerichtet. Es ist demnach logisch, daß nach dem Autor der Interpellation der Minister antworten solle. Glaubt dieser aus irgendwelchem Grunde sich von der Beantwortung zurückhalten zu müssen, so muß der Zwischenfall als erledigt angesehen werden, in dem Sinne, daß kein anderes Mitglied in der Versammlung zugelassen werde, dazwischenzutreten; aber der Autor der Interpellation kann aus dem Stillschweigen des Ministers alle jene Folgerungen ziehen, welche er für angemessen hält. Um eine Interpellation dann zu entwickeln, scheint ein Zeitraum von einer halben Stunde genügend; für die Schlußfolgerungen aus dem Stillschweigen des Ministers werden 15 Minuten als das Maximum angesehen, das nicht überschritten werden soll. Es wird demnach möglich sein, zu verhindern, daß die Debatten sich in die Ewigkeit hinausziehen. Der Autor der Interpellation muß diskutieren; andere Mitglieder werden wahrscheinlich in die Debatte eingreifen. Die Kommission schlägt deshalb vor, die Zahl der Reden zu beschränken und die Zeit, welche jedem Redner zu Gebote steht; vier Redner, einschließlich des Autors der Interpellation, können das Wort verlangen, jeder derselben hat höchstens eine Viertelstunde zur Verfügung. Dieses System hat zur Folge, daß eine Interpellation immer in der Sitzung zu Ende gebracht wird, in welcher ihre Diskussion begonnen hat. Wohl verstanden können diese Regeln niemals auf große Debatten strenge angewendet werden, bei denen es sich um die äußere Politik der Regierung und um andere Hauptfragen handelt."

III. Geltendes Recht.

Die belgische Verfassung hat nur eine auf das Interpellationsrecht hindeutende Bestimmung: Art. 88, 3. Satz:

„Die Kammern können die Anwesenheit der Minister verlangen."

Im übrigen ist das Interpellationsrecht in Belgien durch die Geschäftsordnung der Deputiertenkammer (Art. 32, 33) geregelt. Im Senate ist es bisher zu keiner Regelung dieses Rechtes gekommen.

Man unterscheidet in der Deputiertenkammer Fragen (questions) und Interpellationen.

1. Die Fragen (questions [Art. 32]) werden an die Regierung gerichtet. Sie müssen in schriftlicher Form dem Präsidenten überreicht werden und müssen nur das Allernotwendigste, um verstanden zu werden, enthalten. Der Präsident veranlaßt ihren Abdruck im Protokoll der Kammer und in den stenographischen Verhandlungsberichten an einer besonderen Stelle. Sie werden unter der Nummer, die ihre Präsentationsnummer ist, auf die Tagesordnung gesetzt. Der kompetente Minister beantwortet sie zu Beginn der Sitzung des folgenden Dienstags, wenn nicht die Kammer im Einverständnis mit ihm die Angelegenheit für dringlich erklärt.

Sobald der Fragesteller und der Minister ihre Meinungen ausgetauscht haben, ist die Sache erledigt, d. h. Replik des Fragestellers auf die ministerielle Antwort ist zulässig, ebenso die Duplik des Ministers. Eine Frage darf von nicht mehr als drei Mitgliedern unterzeichnet werden. Diese Bestimmung hat hauptsächlich den Zweck, Debatten über einfache Fragen auszuschließen. Denn bis 1901 war es möglich, eine einfache lokale Angelegenheit zum

Gegenstand einer Frage zu machen und die sonst ausgeschlossene Diskussion dadurch zu ermöglichen, daß man alle, die zu diskutieren wünschten, die Frage unterschreiben ließ. Dadurch erlangte sie die Möglichkeit mitzureden. Dies sollte durch obige Bestimmung, daß nur drei Abgeordnete die Frage unterschreiben durften, ausgeschlossen werden. Die Umwandlung einer Frage in eine Interpellation ist nach belgischem Rechte mit Zustimmung der Kammer zulässig.

2. Die Interpellation (Art. 33):

> „Der Interpellant hat den Gegenstand der Interpellation in einem Schriftstück zu bezeichnen, das er dem Vorsitzenden der Deputiertenkammer überreicht. Dieser verliest das Schriftstück in der Kammer. Die Interpellation wird dann auf die Tagesordnung der folgenden Dienstag-Sitzung gesetzt mit anderen in der Reihenfolge, wie sie präsentiert worden sind.
>
> Die Begründung der Interpellation darf nicht länger als eine halbe Stunde dauern."

Läßt der Minister die Interpellation unbeantwortet, so erhellt der Interpellant allein noch einmal das Wort für höchstens eine Viertelstunde.

Beantwortet der Minister die Interpellation, so können außer dem Interpellanten nur drei Abgeordnete in der Diskussion das Wort erhalten. Der Interpellant hat alsdann als erster das Wort. Keiner der vier Redner darf aber mehr als eine Viertelstunde sprechen.

Die Interpellation kann auch vor der Dienstag-Sitzung, sogar in derselben Sitzung, in der sie eingebracht worden ist, diskutiert werden, wenn ein Fünftel der Kammermitglieder es verlangt. Doch muß außerdem auch die Regierung zustimmen, wenn die Diskussion über die Interpellation noch in derselben Sitzung, da sie eingebracht worden ist, stattfinden soll.

In beiden Fällen handelt es sich um Dringlichkeitsinterpellationen und es fallen daher alle Schranken der Rednerzahl und der Zeit, die sonst üblich sind.

Eine Interpellation muß in einer Sitzung erledigt werden. Ausnahmen von dieser Regel finden statt, wenn zwei Drittel der anwesenden Kammermitglieder zustimmen.

§ 8. Holland.

In Holland hat nur die Volkskammer (2. Kammer) eine Regelung des Interpellationsrechtes vorgenommen.

Bis zum Jahre 1906 kannte das holländische Recht zwar Interpellationen, aber ihre Zulässigkeit war nicht einmal in der Geschäftsordnung ausdrücklich ausgesprochen. Es war in Art. 89 der Geschäftsordnung der 2. Kammer nur von Aufklärungen über „einen Gesetzentwurf, der nicht auf der Tagesordnung war", die Rede. Gestützt wurde das weitergehende Interpellationsrecht der Praxis nur auf den Artikel 94 der „Grondwet", der bestimmt:

> „Die Minister geben in der Kammer mündlich oder schriftlich die verlangte Auskunft (inlichtingen), deren Mitteilungen dem Staatsinteresse nicht zuwiderläuft."

Doch wurde, wie ein Kommissionsbericht der 2. Kammer ausführt[1]), mehrmals das Verlangen geäußert, nicht bloß den Kammern das Recht der Interpellation zu geben, sondern auch den einzelnen Mitgliedern ein individuelles Fragerecht gegenüber der Regierung. Bis zum Jahre 1906 konnte nämlich dieses einzelne Mitglied, ohne Erlaubnis der Kammer, keine Fragen an die Regierung richten. Die Kammer bestimmte den Tag, an welchem die Fragen gestellt werden sollten, während der angefragte Minister durch Vermittelung des Vorsitzenden aufgefordert wurde, dieser Sitzung beizuwohnen. Dazu war die Kammer im Sinne des zit. Art. 94 berechtigt, der bestimmt:

> „Die Minister können von jeder Kammer eingeladen werden, an ihren Sitzungen teilzunehmen."

Das Interpellationsrecht wurde so eigentlich von der Kammer ausgeübt, so daß auch der Vorsitzende der Kammer gewöhnlich dem Minister den Dank für die gewährten Aufklärungen aussprach. Aber einerseits gaben diese Interpellationen Anlaß zu mehr oder minder großen Diskussionen, andererseits konnte die Kammer, wollte sie nicht in ihrer anderen Arbeit gehindert sein, nur sparsamen Gebrauch von diesen Interpellationen machen, die erst bei Beratung des Staatsvoranschlages vorgebracht wurden, was wieder Unzuträglichkeiten, wie wir sie schon bei Italien kennen

[1]) Bijlagen tweede Kamer zitting 1905/06, No. 214 (1—6).

gelernt haben, mit sich führte. Auch wurde über die ungewöhnliche Länge der stenographischen Berichte anläßlich dieser Verhandlungen geklagt[1]).

Um nun die Verhandlung über den Staatshaushalt, die sogenannten Budgetberatungen, von diesen Interpellationen zu entlasten, wurde im Jahre 1906 das einfache Fragerecht nach englischem Muster eingeführt, das Recht des Individuums zum Zwecke der Aufklärung Fragen an den Minister zu stellen. Von vornherein war man sich darüber klar, daß dieses Fragerecht die öftere Handhabung des Interpellationsrechtes überflüssig machen sollte[2]). Durch die Einführung der Fragestellung sollte in keiner Weise das Interpellationsrecht verkürzt werden, selbst nicht in Ansehung von Gegenständen, wegen welcher Fragen gestellt worden sind. Es sollte nur die Bestimmung getroffen werden, daß diejenigen Mitglieder, die eine Frage tun, nicht befugt sein sollten, ohne die notwendige Erlaubnis der Kammer auf dem Wege der Fragen Interpellationen zu stellen und Diskussionen heraufzubeschwören. Deshalb schien es notwendig, die kurzen Anfragen strenge zu scheiden von den Interpellationen[3]). Holland steht also, wie dieser Satz deutlich zeigt, auf dem Standpunkte der formellen, nicht der materiellen Scheidung der Interpellationen und Anfragen, ganz so, wie wir dies in Frankreich und in Belgien gefunden haben. Dem Vorsitzenden wurde ein weitgehendes Entscheidungsrecht überantwortet, um Fragen zu verhindern, gegen welche schwere Bedenken sind. Der Kommissionsbericht läßt darüber keinen Zweifel und spricht deutlich aus, daß der Vorsitzende von diesem Zurückweisungsrecht dann Gebrauch zu machen hat, wenn die Fragen inhaltlich oder wegen

---

[1]) „Met het gevolg dat tal van vragen gewoonlijk eerst by gelegenheid van de behandeling der Staatsbegrooting worden gedaan, hetgeen medewerkt tot te groote uitbreiding der verslagen waarover te recht meermalen is geklaagd." (Kommissionsbericht a. a. O.)

[2]) „Men mag intusschen verwachten dat de Ministers de leden niet zullen nopen ter bekoming van inlichtingen uitsluitend gebruik te maken van het recht om verlof tot het houden eener interpellatie te fragen, waar invoering van een vraagerecht kan strekken tot envoudiger behandeling en tot bekorting van de beraadslagingen over de begrooting." (Kommissionsbericht a. a. O.)

[3]) „Heet scheen wenschelijk de behandeling de korte vragen streng af te scheiden van de beslissing omtrent het houden van interpellaties." (Kommissionsbericht a. a. O.)

ihrer Form unangebracht sind oder im Widerstreit mit den Interessen des Landes ständen[1]). Wem der Vorsitzende die Frage zurückweist, der hat noch immer das Recht, um Erlaubnis zur Stellung einer Interpellation zu bitten, und die Weigerung des Vorsitzenden bedeutet so füglich nichts mehr, als daß die Anfrage nur mit Erlaubnis der Kammer gestellt werden darf. Es wurden Bestimmungen getroffen, um Diskussionen über gestellte Fragen abzukürzen, sonst wäre die Kammer ganz der Willkür einzelner Individuen ausgeliefert. Werden Fragen schriftlich beantwortet, dann ist mündliche Behandlung unnötig. Für die Publikation der Fragen und Antworten wird eine spezielle Rubrik in den stenographischen Verhandlungsprotokollen (handelingen) in der Kammer eröffnet und zwar nach den eigentlichen Verhandlungsberichten. In diese Rubrik werden auch die mündlichen Fragen und die gegebenen Antworten aufgenommen. Nun lautet die Bestimmung der holländischen 2. Kammer-Geschäftsordnung in bezug auf Fragen und Interpellationen wie folgt:

Art. 89 (betr. Interpellationen):

„Wenn ein Mitglied der Kammer an einen oder mehrere Minister die Anforderung stellt, Aufklärung über einen bestimmten Gegenstand zu geben, der nicht auf der Tagesordnung steht, so bittet er die Kammer um deren Genehmigung, solche Fragen zu stellen. Die Kammer gewährt diese Genehmigung, bestimmt den Tag, an dem die Frage gestellt werden soll. Der kompetente Minister wird vom Präsidenten zu dem Zwecke aufgefordert, der Sitzung des bestimmten Tages beizuwohnen. Wenn der Gegenstand dringend ist und der Minister anwesend, so kann sofort zur Stellung der Frage geschritten werden, wenn die Kammer es für zweckmäßig hält. Der Minister gibt alsdann, wenn er es für zweckmäßig hält, die geforderte Aufklärung."

Art. 89a (neu hinzugefügt am 28. Januar 1906) betrifft die einfache Frage:

„An den Tagen und zur Zeit, welche zu Beginn jeder Session bestimmt wird, kann jedes Mitglied der Kammer, selbst ohne spezielle Autorisation der Kammer, Fragen an einen oder mehrere

[1]) „Wegens inhoud of vorm ongepast of in strijd met's lands belang." (Kommissionsbericht a. a. O.)

Minister stellen, entsprechend den Bestimmungen dieses Paragraphen; kein anderes Mitglied kann bei der Gelegenheit das Wort ergreifen.

Diese Fragen müssen kurz und klar formuliert und dem Präsidenten übergeben werden. Dieser teilt sie dem Minister mit, den sie angehen, wenn er nicht in der Form oder dem Inhalt der Frage einen Hinderungsgrund für die Anwendung dieses Paragraphen findet. Der Autor der Frage kann dann nach der vom Minister gemachten Antwort noch kurze Kritik üben und Aufklärung verlangen, aber in keinem Falle kann er eine Diskussion herbeiführen, auch nicht die Autorisation zur Stellung einer Interpellation verlangen[1]).

Wenn die Antwort des Ministers schriftlich erfolgt, hat überhaupt keine mündliche Auseinandersetzung stattzufinden. Die Fragen und die Antworten werden in den Parlamentsverhandlungen in der Weise veröffentlicht, wie es der Präsident anordnet."

Als Resultat dieser Bestimmung ergibt sich: Einfache Fragen können von jedem Kammermitgliede zu einer bestimmten Zeit, die zu Beginn der Session fixiert wird, an die Minister gerichtet werden. Der Vorsitzende entscheidet souverän, ob die Angelegenheit als Frage oder als Interpellation zu behandeln ist. Er besitzt auch ein weitgehendes Zurückweisungsrecht gegenüber Fragen, die nach Form oder Inhalt unpassend sind.

Die Umwandlung einer Frage in eine Interpellation ist unzulässig. Eine Diskussion im Anschluß an die Frage findet nicht statt. Die Fragen können auch schriftlich beantwortet werden.

Interpellationen sind nur mit Genehmigung der Kammer zulässig. Die Kammer bestimmt den Tag, an dem die Interpellation zur Verhandlung gelangt. Der Minister wird davon verständigt und ersucht, anwesend zu sein. In dringenden Fällen kann die Kammer die sofortige Verhandlung der Interpellation beschließen. Eine besondere Zustimmung der Regierung ist hierzu nicht erforderlich, doch muß der Minister während eines solchen Beschlusses anwesend sein.

---

[1]) In dem Sinne wird wohl der Bericht der Kommission aufzufassen sein: „Alleen wordt vorgesteld te bepalen, dat hij, die eene vraag deed, bevoegd zal zijn niet aanstonds verlof te vragen tot het houden eener interpellatie omtrent het daarin behandelde onderwerp." Dadurch wird die Umwandlung der Anfragen in eine Interpellation ausdrücklich verboten.

§ 9. Schweden.

Die Interpellationen des schwedischen Rechtes haben in der Verfassung (Regeringsformen) keine Anerkennung gefunden. Die schwedische Rechtsentwicklung folgte in dieser Hinsicht der allgemein als ständisch zu bezeichnenden Auffassung, daß man sich an die Minister wohl um Auskunft wenden kann. Aber ähnlich wie im älteren holländischen und dänischen, im älteren und heutigen englischen und im norwegischen Rechte war diese Auskunftserteilung keineswegs mit einer Diskussion im Plenum verbunden, sondern wie in den genannten Rechten entwickelt sie sich einfach aus der ständischen Kontrolle, die durch die ständischen Ausschüsse besorgt wurde. Erst die moderne Zeit hat dieses ständische Kontrollrecht in modernes Interpellationsrecht umgewandelt, vorwiegend auf dem Wege der Staatspraxis. Man unterscheidet im heutigen schwedischen Recht Anfragen an die Minister, Interpellationen, das sind Fragen von großer Wichtigkeit, und schließlich motivierte Tagesordnungen.

1. Was zunächst das Fragerecht anlangt, so müssen solche in Gemäßheit der Rigsdagsordningen § 57 bei dem Vorsitzenden voraus angemeldet werden. Wie gesagt, im Staatsgrundgesetze findet sich gar keine Grundlage, die irgendeine Abteilung des Reichstages das Recht gebe, Fragen an die königlichen Ratgeber zu bringen. Trotzdem ist ein solches Fragerecht anerkannt, und war es auch schon zur Zeit der ständischen Gliederung im Ritterhaus. Stütze findet dieses Fragerecht einerseits in dem jedem Mitgliede des Reichstages zustehenden Motionsrecht und in der Tatsache, daß die Mitglieder des Staatsrates das Recht haben, an den Beratungen der Kammer teilzunehmen. Ein solches Fragerecht ist auch als Folge dieser Bestimmungen in der ersten Kammer des Reichstags anerkannt, ohne daß die Geschäftsordnung etwas darüber ausgesprochen hätte. In dieser Kammer ist es Praxis, daß Interpellationen ohne Diskussion, aber auch ohne vorherige Genehmigung statthaben, wobei es den kompetenten Staatsräten überlassen bleibt, was sie davon beantworten wollen. Der Präsident bestimmt nur aus allgemeiner Machtvollkommenheit die Zeit, wann solche Fragen gestellt werden dürfen[1]).

[1]) Siehe Rydin, Svenske Riksdagen. Des Sammansaettning och Verksamkeit. Afhandling I, Statsrätt I, S. 359ff. und nach einer durch freundliche Vermittlung erteilten Auskunft des schwedischen Reichstagsbureaus.

Die Geschäftsordnung der zweiten Kammer hingegen stellt fest (§ 21 der Geschäftsordnung vom 27. April 1868 in der amendierten Form des Jahres 1900):

> „Wünscht über einen Gegenstand außerhalb der Tagesordnung ein Mitglied eine Frage an die Ratgeber des Königs zu richten, so liefert er dieselbe in schriftlicher Form und mit bestimmtem Inhalt ab. Die Kammer beschließt ohne vorausgegangene Überlegung, ob die Frage (spörsmålet) gestellt werden kann oder nicht. Im ersten Falle macht der Vorsitzende dem in Betracht kommenden Minister unverzüglich von der Frage Mitteilung.“

Es findet sich jedoch in der Geschäftsordnung keine ausdrückliche Verordnung, die das Recht der Diskussion im Anschlusse an die ministerielle Antwort geben würde. Aber insofern, als nach den Riksdagsordningen (§ 52) jedes Mitglied des Reichstages das Recht hat, sich zum Protokoll (at Protokollet) in allen Fragen zu äußern, die zur Verhandlung kommen, so kann keinem Mitgliede das Recht verweigert werden, sich bei Gelegenheit von Fragen zu äußern, und sowohl in der ersten wie in der zweiten Kammer besteht das Recht, das Wort zu den abgegebenen Erklärungen der Minister zu ergreifen. Im schwedischen Recht herrscht also keine sogenannte eingeschränkte Diskussion. Der Schriftsteller Rydin ist zwar der Ansicht, daß einer Interrogation und der bezüglichen Diskussion doch keine politische Bedeutung zukommt, weil damit kein Beschluß der motivierten Tagesordnung, eines Vertrauens- oder Mißtrauensvotums verbunden ist, zumal die Verfassung gar kein Recht auf solche Beschlüsse gibt. Und dieses trifft auch insofern zu, als es sich um bloße Anfragen an die Minister handelt, denn § 57 der Riksdagsordningen gibt nur das Recht, Fragen über Anmerkungen zu stellen, die gegen ein Mitglied des Staatsrates von seiten des Konstitutionsausschusses gemacht werden, und § 56 gestattet nicht, solche Fragen zur Prüfung oder Entscheidung der Kammer zu machen, sofern sie nicht einen besonderen Gegenstand, sondern das allgemeine Ganze betreffen. Es wäre aber auch nach dieser Auffassung[1]) keine Möglichkeit für Interpellationen im eigentlichen Sinne und

---

[1]) Siehe Rydin a. a. O., S. 360.

motivierten Tagesordnungen gegeben. Trotzdem hat die Praxis, wie gesagt, beide Formen ausgebildet.

2. Interpellationen. Die Grundlage für das Interpellationsrecht in der Praxis bildet § 107, Abs. 1 u. 2 der Regeringsformen von 1809. Dieser bestimmt:

„Wenn der Konstitutionsausschuß anmerkt, daß die Mitglieder des Staatsrates insgesamt oder ein Teil derselben in einem Ratschlag betreffs allgemeiner Maßregeln das gemeinsame allgemeine Wohl des Reiches nicht beobachtet haben, oder daß irgendein vortragender Rat nicht mit Umsicht, Schicklichkeit oder Fleiß das ihm anvertraute Amt ausübt, so hat der Ausschuß das Recht, solches dem Reichstage mitzuteilen, und der Reichstag kann, wenn er findet, daß es das Reichswohl verlangt, bei dem König seinen Wunsch schriftlich anmelden, daß dieser den Staatsrat oder den Amtsträger aus dem Amte entferne, gegen den die Anmerkung gemacht wurde. Fragen dieser Art können auch innerhalb einer Kammer des Reichstags gestellt werden, und auch von einem anderen Ausschuß als dem Kommissionsausschuß bei den Kammern angetragen werden, aber von Reichstags wegen soll nicht früher darüber beschlossen werden, als bis der zuletzt genannte Ausschuß (das ist der Konstitutionsausschuß) darüber gehört wird ...“

Man sieht es dieser Verfassungsbestimmung an, daß sie aus der ständischen Zeit herstammt, denn dem Konstitutionsausschuß sind selbständige Befugnisse eingeräumt, nämlich bei der Prüfung der Staatsratsprotokolle amtliche Mißstände, die sich herausstellen, zu üben, zu untersuchen und bestimmte Entscheidung selbst zu fällen, eine Entscheidung, die in Form einer Anmerkung zum Gutachten (Memorial) für den Reichstag ergeht. Das war so in der Ständezeit und ist es auch heute. Solche Anmerkungen dürfen nur im allgemeinen Gegenstände betreffen, die sich aus der Amtsführung ergeben, also Mißstände, die sich aus der Verwaltung eines bestimmten Amtes der Staatsräte oder der hohen Departementschefs ergeben. Keineswegs ist aber die Sache so gedacht, als ob der Ausschuß auch ohne solche Mißstände der Amtsführung sein Urteil über einzelne Regierungsmaßregeln abzugeben hätte. Trotzdem hat die Praxis diese Wirksamkeit des Ausschusses in zweierlei Weise umgebildet.

1. Hat sie ihm gewissermaßen seine ursprünglich gedachte Selbständigkeit insofern genommen, als der Reichstag auch dann, wenn der Ausschuß nichts anzumerken für gut befindet, bei Entgegennahme des Gutachtens, doch aus seiner Mitte Fragen betr. Regierungsmaßregeln an die Minister richtet oder den Konstitutionsausschuß anweist, solche Fragen und Prüfungen nachträglich noch von sich aus vorzunehmen. Das gibt natürlich bei jeder Verlesung und Entgegennahme des Gutachtens in der einen oder der anderen Kammer Anlaß zu Interpellationen, weshalb ein neuer Schriftsteller des schwedischen Staatsrechtes, Hagman (Sveriges Grundlagar, Stockholm 1902), sich darüber wie folgt äußert:

> „Es hat das Memorial des Konstitutionsausschusses noch die Hauptbedeutung, daß bei seinem Vortrag in der Kammer den Mitgliedern derselben Gelegenheit gegeben wird, Regierungsmaßregeln zur Sprache zu bringen, die eine allgemeine Aufmerksamkeit verdienen, und es ist von diesem Standpunkte gesehen gleichgültig, ob die zur Sprache gebrachten Regierungsmaßregeln vom Konstitutionsausschusse zum Gegenstand einer Anmerkung oder nur mit einer Einschränkung gemacht worden sind oder überhaupt im Memorial nicht erwähnt sind“ [1]).

Auf diese Weise ist natürlich eine Basis für Interpellationen geschaffen.

2. Der zweite Punkt, in dem die moderne Staatspraxis die Wirksamkeit des Konstitutionsausschusses umgebildet hat, ist der, daß dieser sich verpflichtet fühlt, nicht bloß dann Anmerkungen in seinem Memorial zu machen, wenn sie geeignet sind zur Absetzung des sein Amt schlecht verwaltenden Staatsrates zu führen, sondern auch dann, wenn gar keine schlechte Gesamtführung vorliegt, sondern der Konstitutionsausschuß sich veranlaßt fühlt, zu bemerken, daß das Mitglied des Staatsrates „den allgemeinen Nutzen des Reiches nicht genügend beobachtet hat [2])“ oder „es nicht mit der er-

[1]) Hagman, S. 263; Rydin, II, 2, S. 77.

[2]) „Icke fullt iakttagit rikets sannskyldiga nytta.“

forderlichen Schicklichkeit getan hat[1])“. Das geht über den Rahmen der Verfassungsbestimmung hinaus, da dieselbe die Anmerkung des Konstitutionsausschusses nur auf ja oder nein stellt, auf Schicklichkeit oder Nichtschicklichkeit, auf Handeln im allgemeinen Interesse oder Nichthandeln im allgemeinen Interesse. In der Praxis des Konstitutionsausschusses wird aber noch eine einschränkende Kritik, ein Zugeständnis mit Einschränkung, herbeigeführt, welches über den Rahmen der Verfassungsbestimmung hinausgeht. Dadurch kann eine einzelne Regierungsmaßregel herausgegriffen werden, ohne daß die Gesamtführung des Staatsrates oder Departementschefs Anlaß zur Absetzung geben könnte. Und diese Staatspraxis des Konstitutionsausschusses führt natürlich wieder zu Interpellationen über die mit Anmerkung versehenen einzelnen Regierungshandlungen. Daß solches gar nicht im Sinne der Verfassungsgeber Schwedens gelegen hat, geht aus der Darstellung hervor, die Hans Järta, einer der Väter der schwedischen Verfassung, von der Wirksamkeit des Konstitutionsausschusses gibt. In seinen ausgewählten Schriften sagt er (Bd. II, S. 564, zit. bei Hagman a. a. O., S. 262), wenn § 107 so ausgelegt würde, daß jede spezielle Regierungsmaßregel vor das Forum des Reichstages gezogen werden dürfte,

> „was könnte dann die Stände des Reichstages hindern, einzubrechen in das spezielle Gebiet der Regierung, in die Selbständigkeit des Königs, in die Sicherheit jedes einzelnen Mitbürgers, die ihm gegenüber dem Druck der schwankenden Parteien gewährt werden muß, was hauptsächlich die Absicht der Verfassung von 1809 war[2]).

Was Hans Järta natürlich noch nicht kennt, was erst die Entwicklung seit 1866 mit sich gebracht hat, ist die parlamentarische Regierung. Diese hat selbstverständlich jene Praxis des Konstitutionsausschusses gewissermaßen zur Voraussetzung. Sie ermöglichte eben den „förtryck“ der „skiftande faktioner“, das ist die

[1]) „Icke med erforderlig skicklighet.“

[2]) „Hvar funnes da det hinder för rikets ständers inkräkningar på styrelsens omrade den koningamaktens syälfständighet, den säkerhet för enskilda medborgare mot skiftande factioners förtryck, hvartil 1809 års regerings-form syftar?“

Parteisitte, die als Verwaltungsroutine der Parteien sich auf das Genick der bureaukratischen Verwaltungsroutine setzt: der bekannte Löwenritt der modernen parlamentarischen Monarchie.

3. Aber auch die motivierte Tagesordnung kennt das schwedische Recht, wenngleich in einer Form, die die Spuren des alten Ständestaates deutlich an sich trägt. Vertrauens- und Mißtrauensvota wurden nämlich in Schweden im Anschluß an die Gutachten des Konstitutionsausschusses erteilt, welche die Decharge, d. h. die Abnahme der Rechnungskontrolle gegenüber den Ministerien bedeuten. Das sind die sogenannten Dechargebetänkande oder, wie der vollere Titel heißt, „memorial angånde fullbordad granskning". Im Anschluß an diese Dechargebetänkande pflegt nun der Reichstag den Beschluß des Vertrauens- oder Mißtrauensvotums gegenüber dem Minister abzugeben. Diese Praxis geht jedenfalls über den Wortlaut der Verfassung; denn nach § 7, Abs. 3 hat der Reichstag nur die Decharge zu erteilen oder zu verweigern, und all das, was er so anerkennt oder unbemerkt läßt, findet Decharge, ohne daß es von neuem wieder in Frage gezogen werden könnte. Aber ein Mißtrauens- oder Vertrauensvotum steht dem Reichstage nach der Verfassung keinesfalls zu[1]). Höchstens könnte der Reichstag, wenn es das Reichswohl erheischt, dem König seinen Wunsch anmelden, daß er die Minister entlasse. Aber seit der zweiten Hälfte des 19. Jahrhunderts hat sich die Praxis herausgebildet, daß mit dem Beschlusse des Reichstags, die Dechargebetänkande zu den Akten zu legen, dem Ministerium ein Vertrauens- oder Mißtrauensvotum ausgesprochen wird. Und zwar erteilt der Reichstag dieses Vertrauens- oder Mißtrauensvotum in der Weise, daß er die Anmerkungen des Kommissionsausschusses mißbilligt oder billigt[2]). Auch hier greift er einzelne Punkte aus den Dechargebetänkande heraus und macht sie zum Gegenstande eines Vertrauens- oder Mißtrauensvotums, das in umgekehrter Weise als Mißbilligungsvotum oder Billigungsvotum das Vorgehen der Minister trifft. So kennt auch das schwedische Recht motivierte Tagesordnungen in gewissem Sinne[3]).

Die schwedische Entwicklung ist deshalb so interessant, weil

---

[1]) Siehe Rydin, 2. Teil, 2. Abt., S. 90.

[2]) Siehe Rydin a. a. O., S. 91ff.

[3]) Siehe Hagman a. a. O., S. 431.

sie zeigt, wie sehr der moderne Staat nach größerer Verantwortlichkeit der Minister sucht, als durch gewöhnliche Ministerverantwortlichkeitsgesetze geschaffen werden kann. Aus ständischen Formen heraus bildete sich die moderne Verantwortlichkeit der Minister im Sinne von Interpellationen mit motivierter Tagesordnung, da die Reichstagspraxis mit § 107 der Verfassung, welche von einer veralteten Grundlage ausgegangen, nichts anfangen konnte. Und veraltet war diese Grundlage vor allem, weil eine solche Verantwortlichkeit der Minister bloß im Sinne einer alten Kanzleiverwaltung gedacht war, ähnlich wie in England im vorigen Jahrhundert. Aus den Protokollen des Staatsrates sollte die Verantwortlichkeit des Ministeriums beurteilt werden müssen, seine schlechte Amtsführung u. dgl. m. Auch in England war bis zum Ausgange des 18. Jahrhunderts dieses Mittel älterer Form der Ministerverantwortlichkeit, wie wir bereits gehört haben[1]), üblich, und noch bis zum heutigen Tage gilt der Grundsatz der Geschäftsordnung des Staatsrates, daß alle vom Clerk als anwesend bezeichneten Staatsräte für die darin vorkommenden Geschäfte und Ratschläge verantwortlich seien[2]). Es ist dieses nur die alte Form der mittelalterlichen Ministerverantwortlichkeit. Ganz auf dieser Grundlage steht noch § 107 der schwedischen Regeringsform. Es ist kein Wunder, daß er, wenn er strikte nach seinem Wortlaute interpretiert würde, heute gar keine Bedeutung hätte, da die wichtigsten Staatsgeschäfte heute nicht mehr im Staatsrate kollektiv beraten und am allerwenigsten aus dem Protokolle entnommen werden, wodurch die ganze Ministerverantwortlichkeit in Schweden in der Luft schweben würde, oder wie Rydin, der schwedische Schriftsteller, S. 94 zutreffend sagt:

> „Protokollen upptaga sällan olika meningar bland statsradets medlemmar och innehålla sällan nagot of vigt, som ej förut är i de flesta fall redan bragt till allmänhetens kännedom. De förhandlingar, hvilka enligt 1809 års lagstiftares mening skulle föras till protokoll, förekomma nu i statsrads beredningen, som haller sina öfverläggningar utan protokoll. De regerings beslut af vigt, mot hvilka fran statsrättens eller statskonstens synpunkt anmärkningar kunna göras, erhålla i allmänhet sin belysning af den offentliga kritiken,

[1]) Siehe oben S. 35 f. [2]) Siehe oben S. 36.

innan det statsradprotokoll, som afhandlar ärendet, blifvit af K. U. granskadt."

Unter solchen Umständen konnte demnach von einer genauen wörtlichen Ausführung der Verfassung keine Rede sein, und es mußte sich die von uns oben geschilderte Staatspraxis herausbilden. Trotzdem sie gegen das Gesetz ist, erhielt sie dann doch das Memorial des Konstitutionsausschusses vom Jahre 1873, Nr. 11, gewissermaßen ihre Sanktion. Der Bericht dieses Ausschusses erkennt die Tatsache an, daß sich die gegenwärtige Praxis über den Wortlaut der Verfassung hinaussetze, er erblickt aber ihre Vorteile in dreifachem Sinne:

1. darin, daß auf diesem Wege der Reichstag nicht genötigt wird, den Ministern gegenüber andere Zwangsmittel in Wirksamkeit zu setzen, z. B. Budgetverweigerung oder Verweigerung von Rechtsgesetzen;

2. darin, daß so ein Mittel für sorgfältige Behandlung der Frage, ob einem Ministerium das Vertrauen erhalten bleiben solle oder nicht, gegeben sei. In der Tat ist von einer Hast, mit der ein Vertrauens- oder Mißtrauensvotum in den romanischen Ländern erteilt werden kann, in Schweden schon deshalb keine Rede, weil der Verfassungsausschuß das Mißtrauens- oder Vertrauensvotum vorbereitet;

3. schließlich wird § 107 nach Auffassung des Konstitutionsausschusses von 1873 als die ultima ratio angesehen, wenn die anderen Mittel, das Verhältnis des Parlaments zu den Ratgebern der Krone zu bestimmen, versagen[1]).

§ 10. Norwegen.

I. Die geschichtliche Entwicklung.

Wie in England und in Schweden, so ist die heutige Ministerverantwortlichkeit in Norwegen eine glückliche Verbindung der aus der mittelalterlichen Kanzleiverwaltung herübergenommenen Ministerverantwortlichkeit und der modernen Formen der Ministeranklage, sowie eines weitgehenden Informations- und Interpellationsrechtes. Die mittelalterliche Ministerverantwortlichkeit ist noch

---

[1]) Siehe Rydin a. a. O., S. 96.

deutlich zum Ausdruck gebracht zunächst in der Tatsache, daß § 5 des norwegischen Grundgesetzes die Verantwortlichkeit für die Handlungen des Monarchen dem norwegischen Staatsrat als Ganzem auferlegt ist; sodann im § 30 desselben Gesetzes, der die Verantwortlichkeit der einzelnen Mitglieder des Staatsrates in folgender Weise normiert:

> „daß jeder, der im Staatsrat sitzt, verpflichtet sein soll, freimütig seine Meinung zu äußern, die der König zu hören verbunden ist. Aber es ist diesem vorbehalten, nach eigenem Ermessen seine Beschlüsse zu fassen. Findet ein Mitglied des Staatsrates, daß der Beschluß des Königs gegen die Staatsform oder die Reichsgesetze verstößt, oder augenscheinlich dem Reich schädlich ist, so ist es seine Pflicht, kräftige Vorstellungen dagegen zu machen, sowie seine Meinung dem Protokoll beizufügen. Von demjenigen, der nicht in dieser Weise Protest erhebt, wird angenommen, daß er dem König beigepflichtet habe. Er ist dafür verantwortlich und kann durch das Odelsthing vor das Reichsgericht unter Anklage gestellt werden."

Daß wir es hier mit einer Form der mittelalterlichen Ministerverantwortlichkeit zu tun haben, geht daraus deutlich hervor. Denn nur insofern als aus dem Staatsratsprotokoll ersichtlich ist, daß der Minister dem König zu einer Maßnahme geraten, ist seine Verantwortlichkeit begründet. Ähnliches haben wir ja in England im 17. und zu Beginn des 18. Jahrhunderts angetroffen, ja, es findet sich, wie wir hörten, in Rudimenten noch heute in diesem Lande, und in Schweden ist es ebenfalls der einzige Weg, durch den der Tatbestand der Ministerverantwortlichkeit, der zur Anklage führt, hergestellt wird. Nach Einführung der Verfassung bediente man sich sehr häufig dieses Weges[1]). Trotzdem hatte man auch einen anderen Weg, den die moderne französische konstitutionelle Doktrin Norwegen beschert hatte. Es war nämlich durch das Grundgesetz, §§ 75 und 79, auch die Möglichkeit vorgesehen, die Minister, die bis zum Jahre 1884 an den Beratungen des Storthing nicht teilnehmen durften, vor das Storthing zu laden und Aufklärungen von

[1]) Siehe Aschehoug, Norges Nuvaerende Statsforfatning, vol. 3, p. 421, 1893.

ihnen zu verlangen. Wie wir wissen, hat die Konstituante von 1791 ebenfalls diese Bestimmung getroffen und dadurch den Grund zu dem französischen Interpellationsrecht gelegt. In Norwegen erinnerte man sich dieses Mittels erst nach 1830 wieder. Damals sah das sogenannte Protokollkomitee, d. i. jener Ausschuß des Odelsthings, welcher die Staatsratsprotokolle nachprüft, um die Verantwortlichkeit der Minister herbeizuführen, einen wie starken Druck es auf die Regierung durch eine gründliche und leidenschaftslose Kritik der Handlungsweise der Regierung ausüben könnte, und es begann deshalb in seinen Untersuchungen öfters auf jede einzelne Veranstaltung der Regierung und auf ihre Zweckmäßigkeit einzugehen, und zwar auch in denjenigen Fällen, wo sonst gar keine Möglichkeit für eine Ministeranklage gegeben war. Die Berichte dieses Protokollkomitees wurden immer dickleibigere Aktenstücke, und durch diese sorgfältige Kontrolle, sowie durch die Kontrolle der sogenannten Staatsrevision (das sind fünf vom Storthing ernannte Revisoren, welche die Staatsrechnungen zu prüfen haben) hat das Odelsthing eine einflußreiche Kontrolle über die verschiedenen Verwaltungszweige erlangt. Ähnlich wie wir dieses in Schweden gesehen, hat das Odelsthing nach dem Jahre 1827 in allen Fällen, in denen es eine Regierungshandlung nicht ohne weiteres hingehen lassen konnte, sich damit begnügt, einen Beschluß zu fassen, wodurch die Mißbilligung der betr. Regierungshandlung ausgesprochen wurde. Noch im Jahre 1830 erklärte der König dieses Vorgehen für unberechtigt, aber seit 1839 hat der König selbst der Regierung die Pflicht auferlegt, ihm die Berichte über solche Beschlüsse des Odelsthing vorzulegen. Auch hatte das Odelsthing wiederholt, zuletzt 1863, sein Recht stets behauptet, solcherweise die Ministerverantwortlichkeit geltend zu machen. Inzwischen war seit 1833 hierfür auch eine neue Form aufgekommen: durch Adressen den Rücktritt der Minister vom König zu verlangen. Von 1836—1884 geht der Streit. Erst im Jahre 1884 glückte es dem Storthing einen entscheidenden Einfluß auf die Zusammensetzung des Ministeriums auszuüben, nach einem großen Verfassungskonflikt. In Norwegen hatte bis zu diesem Jahre der Grundsatz der Verfassung bestanden, die königlichen Ratgeber an den Beratungen des Storthing, nicht teilnehmen zu lassen. Unter diesen Verhältnissen hatte sich gewissermaßen ein Dualismus zwischen

Regierung und Storthing herausgebildet; beide voneinander unabhängig, hatten nicht selten ganz verschiedene Verwaltungsmaximen als die richtigen anerkannt. Anfangs, d. h. bis zum Jahre 1848, war der König bemüht, seinen Staatsräten im Storthing Eintritt zu verschaffen, nach dem Jahre 1848 unterließ er es aber, weil er fürchtete, daß mit einer solchen Veränderung des Grundgesetzes der erste Schritt zum parlamentarischen Regime gegeben wäre. Nun aber wollte dieses das Storthing. In den Jahren 1872, 1874, 1877 und 1880 faßte es Beschlüsse, durch welche den Mitgliedern des Staatsrates das Recht zugesprochen wurde, ohne Stimmrecht an den Beratungen teilzunehmen. Der König wollte dieses aber nur unter bestimmten Kautelen zulassen, und so ergab sich der Konflikt, der damit endete, daß die Minister, die die Beschlüsse des Storthing nicht durchführen wollten, unter Anklage gestellt und verurteilt wurden. Ihre Nachfolger erfuhren von seiten des Storthing Widerstand und mußten sich zurückziehen, wenn sie nicht das Schicksal ihrer Vorgänger teilen wollten. In diesem Kampfe war das Storthing mit seinem Grundsatze, daß die Minister an den Beratungen des Parlaments teilnehmen sollten, durchgedrungen. Im Anschluß an diesen Konflikt wurde auch zum Gesetz erhoben, daß die Mitglieder des Staatsrates von jedem beliebigen Wahlkreis des Landes zu Vertretern des Volkes gewählt werden könnten. Die Praxis ging noch weiter und stellte im Anschluß daran das Prinzip fest, daß diejenigen Minister, welche nicht das Vertrauen der Majorität des Storthings besäßen, ihre Demission einzureichen hätten[1]). Damit war das parlamentarische Regime in Norwegen eingeführt.

Durch die Einführung dieser neuen Regierungsform gewann auch die Bestimmung des § 75 des norwegischen Staatsgrundgesetzes, die von Aufklärungen (oplysninger) handeln, eine erhöhte Bedeutung, die wir im folgenden kennen lernen wollen. Sie sind die heutige Grundlage des norwegischen Interpellationsrechtes.

II. Das heutige Interpellationsrecht.

Nach § 74 des norwegischen Grundgesetzes soll der König sofort nach Zusammentritt des Storthing demselben einen Bericht über den Zustand des Reiches erstatten. Das kann natürlich keine kurz-

[1]) Siehe Aschehoug a. a. O., S. 426.

gefaßte Übersicht sein, sondern das Storthing kann bei dieser Gelegenheit jede wesentliche Seite des Staatslebens seiner Prüfung unterziehen. Aber außerdem hat das Storthing das Recht, Aufklärungen über jede einzelne Regierungsmaßregel sich zu verschaffen, dieses kraft der Bestimmung § 75 des Grundgesetzes, Buchstaben f, g, h und k. Eine wichtige Bestimmung ist die des § 75, Buchstabe f, welche lautet:

„Das Storthing hat das Recht, sich die in Norwegen vorhandenen Regierungsprotokolle und alle öffentlichen Berichte, Papiere, verifizierte Abschriften oder Extrakte aus den von den norwegischen Staatsministern in der Umgebung des Königs oder von der norwegischen Abteilung des Staatsrates, die sich in Schweden aufhält, geführten Protokollen, sowie alle daselbst vorgelegten öffentlichen Papiere sich vorlegen zu lassen, eigentliche militärische Kommandosachen ausgenommen."

Diese Bestimmung gilt auch jetzt noch, wenngleich der Unterschied zwischen der norwegischen Abteilung, die in Schweden tagt, und derjenigen, die daheim tagt, seit der Auflösung der schwedisch-norwegischen Union obsolet ist. Die allgemeine Regel ist also, daß das Storthing alle Staatsratsprotokolle und -dokumente verlangen kann, die öffentlicher Natur sind. Davon sind natürlich ausgeschlossen alle Dokumente, die einem Privatmann angehören oder solche, welche einen geheimen Inhalt haben. Insbesondere sind ausgenommen eigene militärische Kommandosachen, ferner gewisse Gegenstände diplomatischer Aktion. In letzter Hinsicht bestimmte § 75g des Grundgesetzes:

„Dem Storthing steht das Recht zu, sich mitteilen zu lassen, Bündnisse und Verträge, die der König von Staatswegen mit fremden Mächten geschlossen hat, ausgenommen jene geheimen Artikel, die in keinem Widerstreit mit den veröffentlichten stehen. Auch öffentliche Dokumente, welche sich auf andere diplomatische Aktionen beziehen, müssen dem Storthing auf Verlangen vorgelegt werden[1])."

Geht es in gewissen Fällen durchaus nicht an, das Storthing mit allen diplomatischen Aktionen vertraut zu machen, so wird, wie

[1]) Siehe Aschehoug a. a. O., S. 414ff.

z. B. dies im Jahre 1864 der Fall war (in bezug auf einen Vertrag, den Norwegen mit Dänemark geschlossen hatte, Linientruppen und eine Flotille nach Dänemark zur Unterstützung zu senden), dieses mindestens einem Ausschuß des Storthing vorgelegt, der zur Geheimhaltung verpflichtet ist[1]). In ähnlicher Weise müssen die Staatsratsprotokolle dem Storthing vorgelegt werden. Ein Mitglied des Staatsrates, das sich diesem Verlangen widersetzt, wird nach dem Beamtenverantwortlichkeitsgesetz von 1828 § 1g bestraft. Das Storthing hat nur das Recht auf Dokumente, die schon vorhanden sind, keineswegs aber das Recht auf schriftliche Aufklärungen und Gutachten. Nur der höchste Gerichtshof in Gemäßheit des § 83 des Grundgesetzes ist berechtigt, dem Staatsrate auf Verlangen Gutachten über juristische Gegenstände zukommen zu lassen. Das wichtigste Recht gibt aber § 75h des Grundgesetzes, der die Grundlage des heutigen Interpellationsrechtes ist. Er bestimmt:

> „Dem Storthing steht das Recht zu, jede Person in Staatsangelegenheiten vor sich zu laden, ausgenommen den König und die königliche Familie. Doch gilt diese Ausnahme nicht für die königlichen Prinzen, die Staatsämter bekleiden."

Danach kann das Storthing jeden Beamten und jede Privatperson zum Zwecke mündlicher Aufklärung vor sein Forum laden. Das bietet nun die Grundlage von Interpellationen, die es an den Minister richtet (Sporgsmaalen). Dieses Interpellationsrecht hat in Norwegen keine andere Grenze, als daß es sich um Gegenstände handeln muß, die Staatssachen sind. Doch hat das Storthing selbst sich die Schranke aufgelegt, daß es auf dem Wege der Interpellation keine Gegenstände zu seiner Kenntnis zu bringen strebt, die nur aus Urkunden zu entnehmen sind, die ihm nicht vorgelegt werden dürfen[2]). Das Storthing kann also nicht auf dem Wege der Interpellation über geheime Vertragsartikel mündliche Aufklärung verlangen. Verweigerung des Erscheinens vor dem Storthing, um Aufschluß zu geben, wird gegenüber Ministern nach dem allgemeinen Beamtenverantwortlichkeitsgesetz § 1g bestraft. Ein Gesetz vom 3. August 1897 setzt eine Geldstrafe von 1000—10 000 Kronen fest.

---

[1]) Siehe Aschehoug a. a. O., S. 415.
[2]) Siehe Aschehoug a. a. O., S. 417.

Der Strafantrag kann nur vom Storthing gestellt werden[1]). Enthalten diese Aufklärungen Lügen, so wird das ebenfalls bestraft. Im einzelnen bestimmt die Geschäftsordnung hierüber (§§ 43, 44) folgendes:

Die zu inquirierende Person (Minister, Privatmann) wird durch den Präsidenten des Things (Storthing, Odelsthing, Lagthing) geladen. Die Einladung muß den Gegenstand der Interpellation und die Art der Bekräftigung der Antwort (ob durch Eid oder eidesstättige Erklärung, wie es das Thing beschlossen hat) enthalten. Gleichzeitig erhält die geladene Person eine Abschrift der in Betracht kommenden Bestimmungen der Geschäftsordnung.

Die Fragen, durch welche Aufklärungen verlangt werden, werden in der Sitzung von dem Präsidenten an die vorgeladenen Personen gerichtet, nachdem sie vorher aufgefordert worden sind, die Wahrheit zu sagen und nichts zu verheimlichen, und nachdem sie vorher auf die Wichtigkeit des Verfahrens aufmerksam gemacht worden sind. Jeder Volksvertreter kann in der Sitzung Fragen stellen, die zur detaillierten Aufklärung der Hauptfrage, welche zur Vorladung Anlaß gegeben hat, dienen. Wenn ein Volksvertreter eine solche Frage gestellt hat, so befragt der Vorsitzende das Thing darüber, und dieses entscheidet ohne Debatte durch Abstimmung und ohne daß zuvor irgendeine andere Frage durch irgendeinen anderen Volksvertreter gestellt werden könnte. Es muß also der vorgeladene Minister gewissermaßen eine Art von Kreuzverhör durchmachen und, was im wesentlichen einer Diskussion gleichkommt, wenngleich diese im eigentlichen Sinne ausgeschlossen ist, öffentlich antworten. Wenn dieses Kreuzverhör geschlossen und zu Ende geführt ist, muß der vorgeladene Minister nach Aufforderung einen Eid leisten oder eine eidesstättige Erklärung abgeben. Die Eidesformel, die der Präsident an ihn richtet, lautet:

> „Schwören Sie, daß Sie bei der Beantwortung der Frage nur die reine und unverfälschte Wahrheit gesagt und nichts Falsches erklärt haben. Schwören Sie, daß Sie nichts verheimlicht haben?"

worauf der interpellierte Minister, indem er seine rechte Hand hochhebt, erklären muß:

---

[1]) Annuaire de la législation étrang. XXIII, p. 698.

> „Ich schwöre es, so wahr mir Gott, der Allmächtige und Allwissende, helfe.“

Für den Fall der bloß eidesstättigen Erklärung lautet die Formel:

> „Bekräftigen Sie, daß Sie bei der Beantwortung der Frage, die an Sie gerichtet worden ist, die reine und unverfälschte Wahrheit gesagt und nichts verheimlicht haben?“

worauf der Interpellierte die rechte Hand erheben und antworten muß:

> „Ich bekräftige es auf meine Ehre und mein Gewissen.“

Die vorgeladene Person kann dem Thing auch schriftliche Aufklärungen zukommen lassen, welche mit den Akten über den Gegenstand zugesandt werden. Wenn die Vorgeladenen, statt selbst zu erscheinen, eine schriftliche Antwort auf die vom Thing gestellten Fragen erteilen, so müssen sie entsprechend den obigen Formeln ihre Erklärung schriftlich geben, entweder:

> „Ich beschwöre all das oben Angeführte, so wahr mir Gott helfe“,

oder für den Fall, daß sie bloß eine eidesstättige Erklärung abzugeben hätten:

> „Ich bekräftige das oben Angeführte auf Ehre und Gewissen.“

§ 11. Preußen-Deutsches Reich.

Das heutige Reichstag-Interpellationsrecht nach §§ 32 und 33 der Geschäftsordnung ist aus dem preußischen Recht hervorgegangen, deshalb interessiert uns zunächst die preußische Rechtsentwicklung.

I. Preußen.

In der provisorischen Geschäftsordnung der preußischen Nationalversammlung, wie sie vom Staatsministerium der Nationalversammlung in der Sitzung vom 22. Mai 1848 vorgelegt war und von ihr beibehalten oder modifiziert werden sollte, findet sich keine Bestimmung über Interpellationen. Aber schon in der Sitzung vom 29. Mai 1848 war ein Antrag Rietz eingebracht,

> „daß alle Anträge in der Kammer tags vorher angekündigt und von der Kammer genehmigt werden, daß gleichfalls alle

Interpellationen an den Minister zu richten, vorher angekündigt und des folgenden Tages mit der Erlaubnis der Kammer erfolgen".

Bei Beratung dieses Antrages war man sich gar nicht klar, den Antragsteller ausgenommen, daß die Interpellation etwas von dem gewöhnlichen Antrage Grundverschiedenes sei. Der Antragsteller selbst meinte, daß der wesentliche Unterschied zwischen der Interpellation und dem Antrage darin liege, daß bei dem letzteren bis zu seiner Beschlußfassung eine Diskussion stattfinde, während bei der Interpellation die Diskussion dem Beschlusse, d. i. der ministerielle, nachzufolgen habe. Die meisten anderen Redner, unter ihnen der Minister Camphausen, erblicken keinen Unterschied zwischen Anträgen und Interpellationen, und daher wurde ein Antrag Parisius angenommen:

„Alle Interpellationen, insofern solche durch die Debatte nicht veranlaßt sind, sind gleich den Anträgen zu behandeln."

Danach mußten auch die Interpellationen wie die Anträge an die Abteilungen zunächst zur Prüfung verwiesen werden, wenn das Haus es nicht anders bestimmte, was den Geschäftsgang der Interpellationen sehr schleppend machte und das Haus viele Zeit verschwenden ließ[1]). Die definitive Geschäftsordnung der Nationalversammlung, die in der Sitzung vom 26. Juni 1848 angenommen war, bestimmte über die Interpellation:

§ 28.

„Interpellationen an die Minister müssen bestimmt formuliert, schriftlich angekündigt und durch die Tagesordnung zur Kenntnisnahme der Versammlung gebracht werden. Sie bedürfen der Unterstützung von 25 Mitgliedern.

Erklärt sich der Minister zur Beantwortung der Frage bereit, so wird an dem Sitzungstage, welcher von ihm dazu bestimmt ist, dem Interpellanten zunächst die Einleitung seiner Interpellation verstattet. Ist der Interpellant oder ein Mitglied der Versammlung der Ansicht, daß die von dem

---

[1]) Sten.-Ber. über die Verh. der zur Vereinigung der preuß. Staatsverf. berufenen Vers., Bd. I, S. 44ff.

Ministerium erteilte Antwort die Frage nicht erschöpft habe, so ist darüber das Wort gestattet, ohne daß eine Diskussion über den materiellen Gegenstand der Interpellation stattfinden darf."

§ 29.

„In dringenden Fällen können sowohl Anträge als Interpellationen im Laufe einer Sitzung ohne vorherige Ankündigung eingebracht werden, wenn die Versammlung nach erfolgter Unterstützung solches beschließt."

Ein wesentlicher Fortschritt und eine Erweiterung des Interpellationsrechtes gegenüber der Vergangenheit liegt allerdings vor. Denn eine Interpellation brauchte, um gestellt zu werden, nicht erst eine langatmige Diskussion wie früher, da sie wie ein Antrag behandelt worden war, und nicht die Genehmigung der Versammlung, sondern es genügte schon, wenn eine Unterstützung der Interpellation von 25 Mitgliedern vorlag. Aber auch ein Nachteil, denn nun war auch die Möglichkeit gegeben, jeden Augenblick Interpellationen einzubringen, und das führte zu Klagen in der Presse und in der öffentlichen Meinung über die Verzögerung des Verfassungswerkes. Um das Interpellationsrecht nach der Richtung hin einzuschränken, wurde in der Sitzung vom 25. Juli 1848 die Genehmigung der Versammlung verlangt, wenn eine Diskussion über die ministerielle Antwort stattfinden sollte. Interessant ist aus den Verhandlungen dieser Zeit[1]) die Erkenntnis der politischen Bedeutung und des Zweckes der Interpellationen, eine Erkenntnis, die damals vorlag, uns heute in Deutschland wohl abhanden gekommen ist. So sagt damals der Abgeordnete Baumstark, kein Freund des unbeschränkten Interpellationsrechtes:

„Eine Interpellation kann erstens erfolgen, in der Absicht, auf Erlangung wirklich ernster Aufklärungen des Landes durch Minister, indem man einem Minister Gelegenheit gibt, über wichtige obschwebende Fragen des Tages und der Gesetzgebung für die Zukunft uns Aufschluß zu geben, damit dadurch das ganze Land, das unsere Verhandlungen liest, davon Kenntnis nehmen könne. Der zweite Zweck der Interpellation

[1]) Siehe Sten.-Ber. a. a. O., Bd. I, S. 596ff.

ist, daß dieselbe oder die Reihe der Interpellanten, die Herren Minister und auch die ganze Versammlung selbst stets wachsam erhalte über jede Angelegenheit, sowohl über die Zeitfragen als auch über die Fragen wegen der ferneren Gesetzgebung."

Auf diese Weise wurde der doppelte Zweck der Interpellation als Kontrollrecht gegenüber der Verwaltung und als Mittel, die öffentliche Meinung für einen wichtigen Gegenstand der inneren Politik zu interessieren, klar und präzis zum Ausdruck gebracht. Aber auch die Bedeutung der Interpellation als „Recht" der Minorität wurde klar erfaßt und aus diesem Grunde auch die von einigen vorgeschlagene Genehmigung der Interpellation durch die Kammer, im Anschlusse an die notwendige Unterstützung durch mehrere Mitglieder, abgelehnt[1]).

Trotz der oben angeführten Beschränkung war das Interpellationsrecht der preußischen Nationalversammlung noch immer so weitgehend, daß es nicht einmal von der Frankfurter Nationalversammlung überboten werden konnte. Im Gegenteil, diese ließ sich insofern eine gewisse Einschränkung gefallen, als die auf die Ministerantwort folgende Diskussion nur in dringenden Fällen und nach Genehmigung durch die Versammlung stattfinden durfte. Das war das Resultat des Antrags von Edel-Würzburg, während der Geschäftsordnungsausschuß der Frankfurter Nationalversammlung die Interpellationen ganz ähnlich normieren wollte, wie das preußische Recht[2]). Beide Rechte, sowohl das der Frankfurter als auch das der Berliner Nationalversammlung gehen aber vom Grundsatze aus,

[1]) Siehe die Rede des Abg. Stein in der Sitz. v. 25. Juli 1848: „Man sagt uns immer: Preußen ist eine konstitutionelle Monarchie; man vergleicht unsere Zustände gern mit denen Englands und mit den früheren Frankreichs. Ich wünschte, daß man diesen Vergleich anstellte, nicht wenn es sich um Beschränkungen der Freiheit handelt, sondern wenn es sich um Erweiterungen handelt. In Frankreich und England ist das Recht der Interpellationen sehr fest begründet, und zwar begründet für die Minorität. Es kündigt nur Einer eine Interpellation an, und bei dieser Interpellation erhebt sich, nachdem mehrere gesprochen, eine bedeutende Debatte über die Ansichten und Gründe, welche das Ministerium in seiner Antwort entwickelt hat. Darin eben liegt der Hauptnutzen, den überhaupt eine Interpellation gewährt." Sten. Ber. a. a. O. S. 598.

[2]) Siehe stenogr. Ber. über die Verhandlungen der deutschen konstituierenden Nationalversammlung zu Frankfurt a. M., herausgegeben von Wigard, Bd. II, S. 1253ff.

daß eine Diskussion über die Interpellation nur stattfinden könne, wenn der Minister eine Antwort erteilt, nicht aber, wenn der Minister die Antwort verweigert habe. Das bedeutete damals gegenüber den romanischen Ländern eine wesentliche Einschränkung des Interpellationsrechtes, da hier die Diskussion auch stattfinden konnte, wenn die Minister die Antwort verweigert hatten.

Das Interpellationsrecht der beiden Nationalversammlungen und seine Ausübung blieben mit den Revolutionsjahren in sehr schlechter Erinnerung. Man war in später Zeit leicht geneigt, alle Schuld an dem mißglückten Verfassungswerke der weitausgedehnten Übung dieses Rechtes zuzuschreiben. So erklärte der Abgeordnete von Kleist-Retzow im Jahre 1849:

„Nichts, das kann ich aus Erfahrung versichern, während ich in der ganzen Zeit im Volk gelebt, hat der Nationalversammlung mehr geschadet, als die Behandlung der Interpellationen und dringlichen Anträge[1]).“

Unter diesem Eindruck ward auch die Viebahnsche Geschäftsordnung der preußischen zweiten Kammer erlassen im Jahre 1849. In der Begründung zu den Normen über das Interpellationsrecht in §§ 28 und 29 heißt es[2]):

„In bezug auf die Anträge und Interpellationen (§§ 24—29) hat die Kommission das Prinzip verfolgt, unter Festhaltung möglichster Freiheit der einzelnen Mitglieder zugleich ein Schutzmittel gegen ungeeignete Anträge zu gewähren und gleichzeitig die Verhandlung im Plenum zu beschränken.“

Diesem Grundgedanken entsprach auch die Tatsache, daß §§ 28 und 29 die Diskussion nach der ministeriellen Erklärung vollständig ausschlossen. Sie lauteten:

§ 28.

„Interpellationen an die Minister müssen bestimmt formuliert und von 30 Mitgliedern unterzeichnet, dem Kammerpräsidenten überreicht werden, welcher dieselben dem Staatsministerium abschriftlich mitteilt und in der nächsten Sitzung dasselbe in der Kammer zur Erklärung darüber auffordert,

---

1) Siehe stenogr. Ber. über die Verh. d. II. Kammer für Preußen 1849, Bd. I, S. 14.

2) Sten.-Ber. über d. Verh. der 2. Kammer für Preußen a. a. O. S. 324.

ob und wann es die Interpellation beantworten wolle. Erklärt das Ministerium sich zur Antwort bereit, so wird an dem von ihm bestimmten Tage der Interpellant zu deren näheren Ausführung verstattet."

§ 29.

„Mit der Beantwortung ist die Interpellation als solche erledigt und es bleibt jedem Mitgliede der Kammer überlassen, den Gegenstand in Form der Anträge (§§ 26—29) weiter zu verfolgen."

Dadurch war jede Diskussion im Anschlusse an die ministerielle Antwort ausgeschlossen. Noch weiter versuchte ein Antrag Camphausen in der zweiten Kammer die Interpellation einzuschränken, indem er jede mündliche nähere Ausführung und Begründung der Interpellation selbst dem Interpellanten versagen wollte[1]). Der Antrag wurde der Geschäftsordnungs-Revisions-Kommission überwiesen, ohne daß ihm eine weitere Folge gegeben wurde. —

Das Jahr 1861, da die öffentliche Meinung wieder reger zu werden begann, brachte aus dem Kreise der Partei Vincke den Vorschlag des Abgeordneten Simson auf Abänderung der Geschäftsordnung. Er war von den verschiedenen Mitgliedern der liberalen Parteien unterzeichnet und brachte insbesondere die Möglichkeit der Diskussion im Anschlusse an die ministerielle Beantwortung der Interpellation in Vorschlag. Der Antrag wurde an die Kommission verwiesen und der Bericht der Kommission[2]) sagt ausdrücklich:

„Dieser Vorschlag fand in Erwägung, daß nach dem gegenwärtigen Verfahren gemäß § 29 die Interpellationen meistens im Sande verliefen, in der Regel ohne allen Erfolg und unfruchtbar seien, allgemeinen Beifall, indem man andrerseits in dem vorgeschlagenen Erfordernis eines Antrages von 50 Mitgliedern für die sofortige Besprechung eine Garantie erkannte, gegen einen etwaigen Mißbrauch der proponierten Maßregel."

Die Sache blieb bis zur Legislaturperiode von 1862 liegen. In dieser wurde der Antrag von der liberalen Seite wieder auf-

[1]) Stenogr. Ber. a. a. O., S. 636.

[2]) Siehe Drucks. des preuß. Abgeordnetenhauses 1861, Nr. 209, S. 1635 (der Sten. Ber. Bd. 7).

genommen. Der Abgeordnete Kersten brachte ihn ein. Die Session war aber zu kurz. Erst in der zweiten Session von 1862 kam die Sache auf Antrag des Abg. v. Forckenbeck zur definitiven Regelung, aber nicht ohne Kampf, denn in dem Berichte der Kommission[1]) heißt es:

> „Diesem Antrage gegenüber wurde das Bedürfnis bestritten und eingewendet, eine über die Frage und Antwort hinausgehende Besprechung sei gegenstandslos, sie werde von augenblicklichen Eindrücken bestimmt meist leidenschaftlich, stets aber resultatlos sein."

Gegen diese Ansicht wurde jedoch geltend gemacht, der bisherige Vorgang bei Interpellationen wäre ein zu lebloser und unfruchtbarer, und wenn dem Vorschlag der Kommission der Vorwurf der Resultatlosigkeit gemacht würde, so würde das von ihm proponierte Verfahren doch weniger resultatlos sein als das seitherige, vielmehr wenigstens das Resultat zeitigen, daß die Antwort auf eine Interpellation im Bewußtsein auf die nachfolgende Besprechung mitunter eine andere sein werde als ohne dieses Bewußtsein. Die Änderung, die nun im Jahre 1862 erfolgte, bestand darin, daß eine Debatte im Anschluß an die Interpellation zugelassen wurde[2]). Dieser Änderung entspricht der heutigen §§ 33 und 34 der Geschäftsordnung des preußischen Abgeordnetenhauses.

§ 33.

> „Interpellationen an die Minister müssen bestimmt formuliert und von 30 Mitgliedern unterzeichnet dem Präsidenten des Hauses überreicht werden, welcher dieselben dem Staatsministerium abschriftlich mitteilt und dasselbe in der nächsten Sitzung des Hauses zur Erklärung darüber auffordert, ob und wann es die Interpellation beantworten werde. Erklärt das Ministerium sich zur Beantwortung bereit, so wird an dem von ihm bestimmten Tage der Interpellant zu deren näherer Ausführung verstattet."

---

[1]) Drucks. des Abgeordnetenhauses 1862, Nr. 79, S. 30f.

[2]) In Bayern erfolgte sie, nachdem ein ähnlicher Ausgangspunkt 1849/50, wie in Preußen, geschaffen war, erst 1886. Siehe Seydel, Bayr. Staatsrecht, 2. Aufl., I. Bd., S. 485, Anm. 43 u. 52.

§ 34.

„An die Beantwortung der Interpellationen oder deren Ablehnung darf sich eine sofortige Besprechung des Gegenstands derselben anschließen, wenn mindestens 50 Mitglieder darauf antragen. Die Stellung eines Antrages bei dieser Besprechung ist unzulässig. Es bleibt aber jedem Mitgliede des Hauses überlassen, den Gegenstand in Form eines Antrages weiter zu verfolgen.“

„Anträge im Sinne des Art. 60 der Verfassungsurkunde, Abs. 2, sind jederzeit zulässig.“

Das preußische Herrenhaus verlangt, daß Interpellationen der Staatsregierung bestimmt gefaßt und außer dem Interpellanten noch mindestens von 20 Mitgliedern unterzeichnet sein müssen. Sie werden dem Präsidenten überreicht, welcher sie dem Staatsminister abschriftlich mitteilt, sie sodann drucken und verteilen läßt. In der nächsten Sitzung fordert der Präsident die Regierung auf, zu erklären, ob und wann sie antworten wolle; erklärt sich der Minister bereit, die Interpellation zu beantworten, so wird dieselbe entwickelt. An die Beantwortung der Interpellation kann sich eine sofortige Besprechung ihres Gegenstandes anschließen, wenn mindestens 30 Mitglieder darauf antragen. Die Stellung eines Antrages bei dieser Besprechung ist unzulässig. Es bleibt aber jedem Mitgliede überlassen, den Gegenstand in Form eines Antrages weiter zu verfolgen (§ 51).

Zu bemerken ist, daß das Herrenhaus ebenso wie das Abgeordnetenhaus den Interpellanten zur Begründung seiner Interpellation nur dann zuläßt, wenn die Staatsregierung auf die Interpellation antworten will. In beiden ist auch eine Besprechung, das ist Diskussion über den Gegenstand der Interpellation, zulässig, selbst wenn die Ablehnung der Beantwortung durch die Regierung ausgesprochen ist. Die Freiheit der Interpellation ist aber im Abgeordnetenhause eine geringere gegenüber der im Herrenhause, sowohl was die Stellung der Interpellation als auch was die Diskussion im Anschluß an die Interpellation anlangt. Zur ersteren ist im Abgeordnetenhause die Unterschrift von 30 Mitgliedern notwendig, im Herrenhause von nur 21. Zur Herbeiführung einer Diskussion ist im Abgeordnetenhause der Wunsch von 50 Mitgliedern nötig, im Herrenhaus der von nur 30 Mitgliedern. —

II. Das Deutsche Reich.

Die Normen des deutschen Reichsrechtes schließen sich bez. der Interpellation beinahe wörtlich an das preußische Recht an. Nach dem Recht des Reichstags sind Interpellationen Anfragen, welche von Mitgliedern des Reichstages, außerhalb der Gegenstände, die zur ordentlichen Beratung stehen, an den Bundesrat gerichtet werden[1]). Sie müssen bestimmt formuliert und von 30 Mitgliedern unterstützt dem Präsidenten des Reichstages überreicht werden, welcher sie dem Reichskanzler abschriftlich mitteilt und diesen in der nächsten Sitzung des Reichstages darüber auffordert, ob und wann er die Interpellation beantworten wolle. Eine Verpflichtung zur Berücksichtigung der Interpellationen, wie etwa in Preußen (Art. 81, Abs. III der Verfassung), fehlt in der deutschen Reichsverfassung, ja sogar jede Bestimmung über Interpellationen. Alle Normen hierüber finden sich nur in der Geschäftsordnung des Reichstages. Nur wenn der Reichskanzler sich zur Beantwortung bereit erklärt, wird an dem von ihm bestimmten Tage der Interpellant zu deren näherer Ausführung zugelassen[2]). Erklärt sich der Reichskanzler nicht bereit, die Interpellation zu beantworten, so findet eine Begründung der Interpellation nicht statt[3]). Eine Verhandlung über die Interpellation findet aber auch dann statt, wenn der Reichskanzler die Beantwortung der Interpellation ablehnt[4]). Mit Erlaub ist dieses eine Anomalie nicht etwa in dem Sinne, daß nicht daran festzuhalten wäre, daß Diskussion in allen Fällen über eine Interpellation stattfinden solle, wohl aber insofern, als nicht einzusehen ist, warum, wenn das Majus die Diskussion gegeben, das Minus die Begründung unzulässig sein solle. Es erklärt sich dieser Widerspruch nur aus der Tatsache, daß man seinerzeit im preußischen Recht, dem Vorbilde, diesen Widerspruch nicht zu beseitigen versucht hat, als die Simson-Forckenbecksche Revision der Geschäftsordnung die Diskussion über die Interpellation wieder einführte. Der Viebahnschen

---

[1]) Siehe Laband, Deutsches Staatsrecht, I., S. 289; Perels, Das autonome Reichstagsrecht, S. 65ff.

[2]) Art. 32 der Gesch.-Ordn.

[3]) Siehe Erklärung des Präsidenten am 1. Dez. 1885, zit. bei Perels a. a. O., S. 66, Anm. 373.

[4]) § 33, Abs. 1 der Gesch.-Ordn.

Geschäftsordnung entsprach allerdings der Wegfall der Begründung der Interpellation, wenn der Minister die Antwort verweigert hatte. Man wollte sogar, wie wir gehört haben, durch einen Antrag Camphausen überhaupt jegliche Begründung ausschließen, selbst dann, wenn der Minister sich zur Antwort bereit erklärt hatte. Gab man aber 1862 die Diskussion auf alle Fälle frei, gleichviel ob der Minister die Interpellation beantwortet hatte oder nicht, dann mußte man ebenfalls die Begründung der Interpellation zulassen, gleichviel ob der Minister die Interpellation beantworten wollte oder nicht. Die heutige Anomalie, die nur historisch aus dem preußischen Recht zu erklären ist, könnte füglich wegfallen, zumal sie in Preußen jedenfalls obsolet ist[1]).

Wenn der Reichskanzler sich zur Beantwortung der Interpellation bereit erklärt hat, so beginnt diese mit der Begründung der Interpellation durch den Interpellanten. Darauf folgt die Antwort durch den Reichskanzler. Eine Bestimmung über die Priorität der Interpellationen nach dem Zeitpunkt ihrer Einbringung fehlt in der Geschäftsordnung. Daher wäre wohl anzunehmen, daß die Reihenfolge mehrerer Interpellationen, die auf dieselbe Tagesordnung gesetzt werden, im Zweifel durch Mehrheitsbeschluß festzustellen wäre. Die Praxis scheint aber mit gutem Grunde die zeitliche Reihenfolge zu beobachten[2]). Eine Diskussion kann sich an diese Antwort dann anschließen, wenn mindestens 50 Mitglieder dieses beantragen[3]).

---

[1]) Siehe Plate, Die Geschäftsordnung des Preußischen Abgeordnetenhauses, 2. Aufl., 1904, S. 121, Nr. 16.

[2]) Perels a. a. O., S. 42, sagt: „Ein rechtlicher Grund für die Bevorzugung desjenigen Abgeordneten, dessen Interpellation früher als (eine) andere eingegangen ist, besteht nicht." Sofern mit dem rechtlichen Grund eine Bestimmung der Geschäftsordnung gemeint ist, ist der Satz eine Tautologie. Sofern aber, wie wahrscheinlich damit gesagt sein soll, daß der erste Interpellant kein Interesse an früherer Behandlung habe, zeigt der Satz von Perels nur den Mangel politischen Verständnisses, an dem überhaupt die sonst fleißige Zusammenstellung seines Buches leidet. Denn handelt es sich um (Art. 1 der Anm.) Interpellationen über verschiedene Gegenstände, so kann es wesentlich von der Stimmung der Häuser abhängen (z. B. ob seine Geduld nicht schon durch frühere Interpellationen erschöpft ist), wie es die nachfolgenden Interpellationen erledigt. Namentlich aber ist der Satz falsch, wenn es sich um sogenannte konnexe Interpellationen handelt. Da kann mitunter durch eine ungeschickte Form der Interpellation ein noch so schicklicher Interpellationsgrund diskreditiert werden. Ein wesentliches Interesse hat der Interpellant also jedenfalls an der zeitlichen Reihenfolge.

[3]) § 33, Abs. 1 der Gesch.-Ordn.

Das gleiche ist der Fall, wenn eine Ablehnung der Antwort erfolgt ist. Anträge können bei der Besprechung von Interpellationen nicht gestellt werden[1]). Das ist eine wesentliche Einschränkung des Interpellationsrechts, wie es in den meisten anderen Staaten besteht. Freilich ist der Interpellant oder ein anderes Mitglied durch nichts gehindert, den Gegenstand der Interpellation in Form eines Antrages nach den für einen solchen geltenden Bestimmungen weiter behandeln zu lassen[2]). Der Unterschied gegenüber den anderen Staaten, wo Anträge im Anschluß einer Interpellation stattfinden, besteht nun darin, daß Initiativanträge im deutschen Reichstage eventuell einer dreimaligen Beratung unterzogen werden können, wenn der Reichstag es verlangt[3]), und daß über einen Initiativantrag in derselben Sitzung, in der er eingebracht ist, nur dann abgestimmt werden darf, wenn niemand dem widerspricht. Schließlich bedürfen Abänderungsvorschläge zu Initiativanträgen der Unterstützung von 30 Mitgliedern. Wenn man den aus Interpellationen resultierenden Antrag des Interpellanten als Initiativantrag behandelt, so wären solche Abänderungsvorschläge sehr häufig. Es wären dies eben die anderen Anträge, außer dem Antrage des Interpellanten. Daß dies Einschränkungen des Interpellationsrechtes gegenüber dem Rechte anderer Staaten sind, sieht jedermann, namentlich, wenn wie bisher die Reichstagspraxis vorherrscht, mit Initiativanträgen zu Beginn der Session derart anzulaufen, daß die für Initiativanträge verfügbaren Sitzungen „im voraus mit Beschlag belegt sind und kein Raum für während der Tagung anzubringende Anträge bleibt“[4]).

§ 12. Österreich-Ungarn.

I. Österreich.

1. Geschichtliche Entwicklung. Das Interpellationsrecht in Österreich beginnt mit dem Jahre 1848. In der Geschäftsordnung des konstituierenden österreichischen Reichstages vom Jahre 1848 war im § 83[5]) der Geschäftsordnung schon vorgesehen:

---

[1]) § 33, Abs. 2 der Gesch.-Ordn. [2]) § 33, Abs. 3 der Gesch.-Ordn.

[3]) Perels a. a. O., S. 54f.

[4]) Siehe den interessanten Artikel des Freiherrn v. Zedlitz und Neukirch im „Tag“ (Ausgabe A) vom 13. Dez. 1908.

[5]) Siehe Verhandlungen des österreich. Reichstags, Wien, 1848, I. Bd., S. 103.

„Jedem Abgeordneten steht das Recht zu, durch Anfragen an den Präsidenten der Reichsversammlung, an die Vorstände der Abteilungen und der Ausschüsse oder an die Minister Gegenstände zur Sprache zu bringen, die nicht auf der Tagesordnung stehen, sowie auch von letzteren die Vorlage von Urkunden zu verlangen. In diesem Falle darf aber eine Interpellation die bereits begonnene Verhandlung nicht unterbrechen.“[1])

Auf Grundlage dieser Bestimmungen wurde ein weitgehendes Interpellationsrecht in dem konstituierenden Reichstage ausgeübt. In der damals geltenden Verfassung vom 25. April 1848 (sog. Pillersdorfschen Verfassung) war keine Bestimmung über das Interpellationsrecht vorhanden.

Nach der Geschäftsordnung war es als Individualrecht anerkannt, wobei offenbar französisches Vorbild maßgebend war, da auch die Constituante der zweiten Republik es um dieselbe Zeit in dieser Form ausübte und die erste Legislatur der zweiten Republik (1849) in ihrer Geschäftsordnung ausdrücklich anerkannte[2]). Der Kremsierer Reichstag behielt diese Form des Interpellationsrechts bei (§ 84 der Geschäftsordnung) und lebhafter Widerspruch erhob sich, als die Geschäftsordnungskommission dieser verfassunggebenden Körperschaft die Einbringung einer Interpellation von der Unterstützung durch 50 Mitglieder abhängig machen wollte. Der Abgeordnete Schuselka sagte damals in der Sitzung vom 18. Dezember 1848[3]):

„Ich anerkenne sehr das Bestreben der Kommission, die Interpellationen möglichst zu beschränken; denn wir haben es gesehen und müssen es bekennen, daß das Recht, Interpellationen zu stellen, in dieser hohen Versammlung manchmal die Grenzen überschritten hat. Allein ein Beschränken des Interpellationsrechtes, welches geradezu eine Aufhebung

[1]) Der oben zit. § 83 der Geschäftsordnung, nicht aber die §§ 32 und 48 der Verfassung vom 25. April 1848, wie Rosegger (Das parlamentarische Interpellationsrecht, 1907, S. 84) irrigerweise meint, bildete die Grundlage des damaligen Interpellationsrechtes. Denn § 32 handelt nur von der Verantwortlichkeit der Minister und § 48 vom Petitionsrecht. Auch sonst ist der Abschnitt über Österreich in Roseggers Schrift flüchtig und oberflächlich, um von anderen Staaten gar nicht zu reden.

[2]) Siehe Pierre a. a. O., S. 792.

[3]) Verhandlungen a. a. O., Bd. 4, S. 169.

desselben ist, wird sich hoffentlich das hohe Haus nicht gefallen lassen .....

Eine Unterstützungsfrage bei Interpellationen zu richten, widerspricht dem Begriffe derselben, denn es handelt sich nicht darum das Haus zu befragen, ob es die Interpellation zu seiner Angelegenheit mache, sondern es ist in dem Rechte eines Abgeordneten begründet, das Ministerium öffentlich zu fragen .... Das hohe Haus hat aber nach meiner Ansicht nicht zu entscheiden und nirgends ist dieser Usus vorgekommen ......"

Der Antrag der Kommission fiel, d. h. sie zog ihn zurück.

Nach dem früheren Rechte war eine Debatte über die ministerielle Antwort ausgeschlossen. Im Kremsierer Reichstag beantragte der Abgeordnete Borrosch als § 85 die Möglichkeit einer Diskussion zuzulassen, wenn der Antrag von 50 Mitgliedern unterstützt würde. Die Geschäftsordnungskommission sprach sich dagegen aus, weil dadurch „die Trennung der Staatsgewalt aufhören würde". Der Antrag Borrosch fiel[1]).

Als Resultat blieb, daß man ebenso wie seinerzeit in Wien, auch in Kremsier Interpellationen behandelte. Nur insofern trat eine Änderung ein, als Interpellationen schriftlich[2]) einzureichen waren und dem Minister übersendet wurden. Außerdem wurden sie noch im Hause durch die Interpellanten verlesen[3]).

Der Verfassungsausschuß von 1848/49[4]) traf in dem ihm vorgelegten Entwurfe keinen besonderen dem Interpellationsrechte gewidmeten Paragraphen an. Nur ein § 66, der von Petitionen handelte und von den Ministern Auskünfte über deren Inhalt verlangte[5]), war vorhanden, und der gab zur Frage Anlaß, ob man nicht auch eine Bestimmung in den Entwurf aufnehmen sollte, wonach die Minister zur Auskunft verpflichtet würden, wie sie die Petition erledigt hätten. Dagegen erinnerte der Abgeordnete Cavalcabo, „daß die Minister

---

[1]) Verhandlungen a. a. O., S. 171 f.

[2]) Verhandlungen a. a. O.

[3]) Verhandlungen a. a. O.

[4]) Protokolle des Verfassungsausschusses im österreichischen Reichstage 1848/49, herausgegeben und eingeleitet von Anton Springer, Leipzig 1885, S. 170/71.

[5]) Offenbar nach dem Vorbilde des Art. 43 der belgischen Verfassung.

auf Fragen, die im Wege der Interpellation an sie gestellt werden, ohnehin Auskünfte geben, daß dieser Weg wohl durch die Öffentlichkeit mehr Wirkung habe, als wenn die Kammer eine schriftliche Auskunft über die Erledigung einer Petition verlangt".

Das In-Bewegung-Setzen der öffentlichen Meinung durch die Interpellation war also schon damals klar erkannt.

Aus dieser Auffassung erwuchs die Notwendigkeit einer besonderen Bestimmung in dem Verfassungsentwurf über das Interpellationsrecht der Abgeordneten. So wurde denn das allgemeine Fragerecht der Kammer auf den Antrag der Abgeordneten Rieger angenommen, und auf den Antrag des Abgeordneten Scholl die Notwendigkeit zugestanden, einen eigenen Paragraphen über das individuelle Interpellationsrecht aufzunehmen, dessen Textierung der „Fünfer-Kommission" überwiesen wurde.

So entstanden die §§ 91 und 92 des Kremsierer Verfassungsentwurfs von 1849.

§ 91.

„Jede Kammer hat das Recht, von den Ministern Auskünfte zu verlangen, Erhebungen durch dieselben zu veranlassen und ihnen Petitionen zur Erledigung zu überweisen oder zur Begutachtung zu empfehlen."

§ 92.

„Jedem Mitgliede steht das Recht zu, die Minister zu interpellieren."

Interessant ist hier die Anerkennung des Unterschieds zwischen Interpellationen und Auskünften.

Die österreichische Reichsverfassung vom 4. März 1849 erwähnte die Interpellation überhaupt nicht mehr. Es war der Rückschlag gegen die vorherige allzu ausgedehnte Übung des Interpellationsrechtes. Noch weniger konnte in der absolutistischen Ära, die mit dem kaiserlichen Patente vom 13. April 1851 (R.G.Bl. Nr. 92) anbrach, von einem solchen Interpellationsrecht die Rede sein. § 22 des Patentes bestimmte, daß dem Reichsrate, der nur beratende Funktionen, keine gesetzgebenden hatte, die Möglichkeit offen stand, den „Wunsch" auszusprechen, „zum Behuf von Aufklärungen über Vorlagen" von dem Ministerrate oder einzelnen Mitgliedern desselben die Anwesenheit bei den Beratungen zu verlangen. Dem Einvernehmen der beiden Präsidenten, des Ministerrates und Reichsrates, war es überlassen, zu bestimmen, in welcher Weise diesem Wunsche zu entsprechen wäre. Vollends wurde das Interpellationsrecht, dieser gewiß bescheidene „Wunsch“ um Aufklärung, noch durch das Allerhöchste Kabinettschreiben vom 20. August 1852[1]) zu einem wesenlosen Schein herabgedrückt, indem der Punkt 1 dieses Allerhöchsten Kabinettschreibens bestimmt, daß der Reichsrat bloß Rat des Monarchen und des Königs sei; Punkt 3, daß der Monarch es sich vorbehalte, die Beziehungen der Minister oder ihrer Stellvertreter zu den Beratungen des Reichstages, also auch diejenigen, durch welche die gewünschten Aufklärungen gemacht werden sollten, von Fall zu Fall anzuordnen.

Eine Wiederaufnahme des Interpellationsrechtes findet sich erst im Gesetz vom 31. Juli 1861[2]), welches die Geschäftsordnung des Reichsrats regelte. § 12 bestimmt:

> „Interpellationen, welche ein Mitglied an einen Minister, Hofkanzler oder den Chef einer Zentralstelle richten will, sind dem Präsidenten schriftlich, und zwar im Herrenhause mit wenigstens zehn, und im Hause der Abgeordneten mit wenigstens zwanzig Unterschriften versehen zu übergeben, werden sofort dem Interpellierten mitgeteilt und in der Sitzung vorgelesen. Der Interpellierte kann sogleich Antwort geben, diese für eine spätere Sitzung zusichern, oder mit Angabe der Gründe die Beantwortung ablehnen.“

Von einer Diskussion im Anschluß an die Antwort des Ministers ist keine Rede. Das Geschäftsordnungsgesetz vom 12. Mai 1868 führte nur unwesentliche Änderungen in die obigen Bestimmungen ein, insbesondere indem es die Zahl der zur Unterstützung notwendigen Mitglieder im Abgeordnetenhause auf 15 reduzierte. Diese sehr geringe Abweichung, immerhin eine Erweiterung des Interpellationsrechtes, entsprach dem neuen Verfassungsleben und dem § 21 des Staatsgrundgesetzes über die Reichsvertretung vom 21. Dezember 1867, welches das Februarpatent vom Jahre 1861 abänderte. Jener § 21 räumte jedem der beiden Häuser des Reichsrates das Recht

[1]) R.G.Bl. Nr. 78. [2]) R.G.C. Nr. 37.

ein, die „Minister zu interpellieren in allem, was sein (das ist des Reichsrates) Wirkungskreis erfordert".

Die §§ 12 und 13 des heutigen geltenden Geschäftsordnungsgesetzes vom 12. Mai 1873 sind gleichlautend mit § 12 des Geschäftsordnungsgesetzes vom Jahre 1868. Innerhalb des Rahmens dieses Geschäftsordnungsgesetzes bewegen sich auch die heute geltenden Normen der Geschäftsordnungen beider Häuser über Interpellationen, nur wurde die Möglichkeit einer Besprechung im Anschlusse an die ministerielle Antwort durch die Geschäftsordnungen zugestanden.

Diese bedeutende Änderung führte die Geschäftsordnung des Abgeordnetenhauses von 1868 ein, ohne vom Gesetzgeber hierzu ermächtigt worden zu sein. Die Anregung hierzu gab der Abgeordnete der Bukowina, Freiherr von Petrinó[1]). Unter Berufung auf das neue Verfassungsleben erklärt er die bisherige Art der „Behandlung von Interpellationen durch schriftliche Eingabe, welcher eine mündliche oder schriftliche Erledigung zuteil wird, durchaus nicht mit einer wirklichen parlamentarischen Praxis vereinbar; solche Interpellationen werden dadurch zu einem einfachen Frage- und Antwortspiel und haben auch weiter keine Folge oder Bedeutung".

Ebenso wie sechs Jahre zuvor in Preußen, erkannte man damals in Österreich, wie wichtig jene Diskussionsmöglichkeit ist, da ohne sie die Interpellationen spurlos im Sande verliefen.

Petrinó war auch darüber sich vollkommen klar:

> „Ich glaube, daß eines der wichtigsten Rechte des Hauses, die Regierung zu kontrollieren, durch das Interpellationsrecht, wenn die Art und Weise der Behandlung von Interpellationen in liberalen Formen gefaßt ist, unumschränkt ausgeübt werden kann, und halte daher eine diesbezügliche Bestimmung (sc. die Diskussionsmöglichkeit) aus den erwähnten Gründen für höchst wichtig.
>
> In allen weiter vorgeschrittenen Staaten und selbst in solchen, welche man gerade nicht als Muster einer liberalen Verfassungsform nehmen kann, ist es Brauch, daß, wenn einmal eine Interpellation zugelassen wurde, auch eine Diskussion und Beschlußfassung über den in Rede stehenden Gegenstand zu-

[1]) Siehe stenographische Protokolle über die Sitzungen des Hauses der Abgeordneten IV. Session, Legislaturperiode 67—69, 3. Bd., S. 2025.

lässig ist, und ich halte dies auch für notwendig, wenn das Recht zu interpellieren überhaupt ein wichtiges Recht einer Versammlung sein soll."

So leistete der Antrag Petrinó in unserer Frage für Österreich, was der Antrag Simson-Forckenbeck für Preußen.

Dieser Anregung entsprach der Geschäftsordnungsausschuß und fügte dem § 60, der von Interpellationen handelte, noch den Zusatz bei, wonach die Diskussionsmöglichkeit zulässig sein sollte, wenn die Majorität des Hauses dem zustimmte. Die Notwendigkeit dieser Genehmigung, welche gegenüber dem preußischen Rechte der Simson-Forckenbeckschen Reform eine Einschränkung bedeutet (da hier bloß Unterstützung einer Zahl von Mitgliedern nötig war und ist) wurde vom Ausschusse deshalb beantragt, „um .... durch solche Debatten nicht zu häufig die Tagesordnung des Hauses zu unterbrechen"[1]). Der § 60 der Geschäftsordnung von 1868 ging dann in die §§ 68 und 69 der Geschäftsordnung von 1875 über, welche jedoch noch die Erweiterung des Interpellationsrechtes brachten, daß der Antrag auf Besprechung, d. h. auf Diskussion der ministeriellen Antwort, auch in der dieser Antwort folgenden Sitzung gestellt werden durfte[2]). Die Geschäftsordnung des Herrenhauses hat bis zum heutigen Tag diese Erweiterung des Interpellationsrechtes nicht eingeführt.

2. Das geltende Recht. Es sind die §§ 68 und 69 der Geschäftsordnung des Abgeordnetenhauses vom 2. März 1875, welche das geltende Interpellationsrecht bestimmen. Zur Einbringung einer Interpellation an einen Minister oder den Chef einer Zentralstelle ist es nötig, daß die Interpellation schriftlich dem Präsidenten überreicht wird; sie muß von 15 Mitgliedern unterstützt sein, wird sofort dem Interpellierten mitgeteilt und in der Sitzung vorgelesen. Der Interpellierte kann sofort antworten oder die Antwort für eine spätere Sitzung zusichern oder aber die Antwort überhaupt ablehnen. Eine Diskussion im Anschluß an die ministerielle Beantwortung oder Ablehnung einer Interpellation kann sofort oder in der nächsten Sitzung stattfinden. Darüber entscheidet das Haus

---

1) Siehe stenographische Protokolle a. a. O., S. 2398.

2) Siehe stenographische Protokolle VIII. Session, Legislaturperiode 1873 bis 1876, 4. Bd., S. 4046.

ohne Debatte. Ein darauf gerichteter Antrag muß in der Sitzung, in welcher die Beantwortung der Interpellation erfolgte, oder in der nächsten Sitzung eingebracht werden. Beschlüsse als Resultate dieser Diskussion zu stellen, ist ebensowenig wie in Preußen und im Deutschen Reiche zulässig. Der Antrag auf Besprechung einer Interpellation muß nach § 18 der Geschäftsordnung von 20 Abgeordneten unterstützt, dem Präsidenten schriftlich überreicht werden. Dem Präsidenten ist durch die Praxis das Recht gegeben, Interpellationen, sofern sie Anstand und Sitte verletzen oder gar den Charakter der Strafwürdigkeit haben, zurückzuweisen. Die Interpellationen erfahren im Herrenhause eine gleiche Behandlung wie im Abgeordnetenhause. Nur insofern besteht ein Unterschied, daß eine Interpellation nur von zehn Mitgliedern unterstützt werden muß und der Antrag auf Besprechung im Anschluß an die Antwort des Ministers nur in der Sitzung, in welcher die Antwort gegeben wurde, nicht aber auch noch in der folgenden Sitzung zulässig ist (§ 57 der Geschäftsordnung).

Daß das in Österreich geltende Interpellationsrecht mißbraucht wird, insbesondere zu einer Obstruktionspolitik führen kann und geführt hat, ist im allgemeinen bekannt. Die Art der Mißbräuche aber, die sich an seine Ausübung knüpften, sind vielleicht nicht so allgemein bekannt. Sie werden in dem Berichte des Geschäftsordnungsausschusses des Abgeordnetenhauses, 17. Sess. 1903 [1]) folgendermaßen dargestellt:

> „Betrachten wir beispielsweise, wie es mit der Übung eines der vornehmsten parlamentarischen Rechte, des Interpellationsrechtes, bestellt ist, so können wir leider auch in diesem Belange auffällige Entartungserscheinungen nicht übersehen. Wenn wir auch die enorm gewachsene Zahl der eingebrachten Interpellationen nicht hinzurechnen (auf je eine Haussitzung entfielen in der ersten Session 0,43, in der elften Session 3,62, in der siebzehnten Session 23,18 Interpellationen), so müssen wir doch gestehen, daß in neuerer Zeit in so manchen Fällen die Ausnützung dieses Rechtes seinem ursprünglichen verfassungsmäßigen Sinne nicht mehr entspricht. Wenn, abgesehen von einer Unzahl Anfragen rein lokalen Interesses, ein Großteil der Interpellationen keinen anderen Zweck hat,

[1]) Beilagen zu den stenogr. Prot. des Abgeordnetenhauses, Nr. 1729, S. 5.

als konfiszierten Zeitungsartikeln und Broschüren das Immunitätsprivileg zu verschaffen und somit die ungehinderte Verbreitung gerichtlich verbotener Drucksachen zu ermöglichen, so muß man hierin, mag auch der Vorgang formell unanfechtbar und als Notwehr gegen die Härten und Auswüchse des objektiven Verfahrens entschuldbar sein, dennoch einen Mißbrauch erblicken, der zur Entwertung des so überaus wichtigen Interpellationsrechtes wesentlich beiträgt. Diese Entwertung tritt in dem Zahlenverhältnisse zwischen den eingebrachten und den beantworteten Interpellationen deutlich zutage. In der ersten Session gab die Regierung auf 97,64%, in der elften Session nur mehr auf 37,32% der Interpellationen Antwort. In der Obstruktionszeit sinkt das Verhältnis bis auf 1,19% herunter und hat in der sechzehnten Session (18. Oktober bis 8. Juni 1900) noch immer erst die Höhe von 10,71% erreicht. Der gegenwärtigen Regierung kann man zwar den guten Willen, auf die eingebrachten Interpellationen nach Tunlichkeit Rede zu stehen, nicht absprechen; trotzdem schuldet auch sie auf den weitaus größeren Teil der an sie gerichteten Anfragen noch die Antwort. Den 5018 in der siebzehnten Session eingebrachten stehen nur 1625 beantwortete Interpellationen gegenüber."

So weit der Geschäftsordnungsausschuß von 1903.

Um einerseits das Interpellationsrecht zu wahren, andererseits eine Ökonomie der Zeit der parlamentarischen Beratungen herbeizuführen, empfahl er die bisher ausnahmslos vorgeschriebene Verlesung der Interpellationen durch Drucklegung und Verteilung derselben zu ersetzen. Diese Verlesung bezeichnet er als Zeitvergeudung. Namentlich machte er darauf aufmerksam, daß diese Bestimmung zu Obstruktionszwecken mißbraucht würde, da sich nicht verbieten ließe, daß die Interpellanten ganze Broschüren oder Bücher ihren Anfragen einverleibten. Nur ausnahmsweise, wenn ein besonderes Verlangen von 50 Mitgliedern gestellt worden, sollte nach dem Antrag des Geschäftsordnungsausschusses die Interpellation verlesen werden. Sodann wurde vom Geschäftsordnungsausschuß vorgeschlagen, die Pflicht der Interpellierten auf die Anfrage überhaupt irgendwie zu „reagieren", ausdrücklich auszusprechen und die

Bestimmung zu treffen, daß innerhalb eines Zeitraumes (6 Wochen) dieser Pflicht Genüge geleistet werde. Schließlich wurde hervorgehoben, daß der Wert des Interpellationsrechtes von nicht zu unterschätzender Bedeutung sei, und daß es für das Haus besonders nötig wäre, zu bedeutenden Interpellationen Stellung zu nehmen. Nach den geltenden Vorschriften dürften auch dann, wenn das Haus die Debatte einer Interpellation beschlösse, in dieser keine Anträge gestellt werden. Somit kämen innerhalb der Debatte wohl die Anschauungen der einzelnen Mitglieder, aber nicht die Auffassung des Hauses zum Ausdruck. Aber gerade auf diese käme es bei wichtigen Interpellationen an. Deshalb empfahl der Geschäftsordnungsausschuß von 1903 im Anschluß an die Diskussion einer Interpellation die Stellung folgender Anträge zu gestatten:

> „Das Haus nimmt die Beantwortung der Interpellation zur Kenntnis oder das Haus nimmt diese Beantwortung nicht zur Kenntnisnahme.“

Diese beiden Anträge sollen motiviert oder einfach gestellt werden können, damit eine motivierte Zur-Kenntnisnahme oder Nicht-zur-Kenntnisnahme den wahren Willen des Hauses zum deutlicheren Ausdruck bringe.

Bisher ist diesen Wünschen des Geschäftsordnungsausschusses von 1903 nicht Rechnung getragen worden, sie verdienen aber ernstlich Beachtung, nicht bloß in Österreich, sondern auch im deutschen Reiche.

Da die Verhältnisse heute wie 1903 liegen, ist es kein Wunder, daß man das österreichische Interpellationsrecht als eine stumpfe Waffe bezeichnet. Die Minister fühlen sich noch immer nicht verpflichtet, auf Interpellationen zu reagieren, und Interpellationen dienen noch immer hauptsächlich als Obstruktionsmittel. Als Ergänzung des Interpellationsrechtes, das so diskrediert wurde, ist es deshalb in neuerer Zeit zur Gewohnheit geworden, Dringlichkeitsanträge einzubringen. Nach § 42 A der Geschäftsordnung des österreichischen Abgeordnetenhauses hat jedes Mitglied das Recht,

> „bezüglich eines Verhandlungsgegenstandes die Abkürzung der Geschäftsbehandlung zu beantragen“.

Es erfolgt dann keine Interpellation in der Form: „Was gedenkt die Regierung zu tun?“, sondern der Antrag lautet bestimmt: „die

Regierung hat das und das zu verbieten, zu gebieten, das und das zu tun." Dadurch, daß auch dieses Recht der Minorität zum Zwecke der Obstruktion häufig mißbraucht wird, hat es ebenfalls seine Wirkung verloren[1]).

---

[1]) Über die Praxis dieser Dringlichkeitsanträge äußert sich ein mit der Praxis des österreichischen Parlaments wohlvertrauter Berichterstatter in der Frankfurter Zeitung Nr. 360 vom 29. Dezember 1908 wie folgt:

„Der § 42 A lautet weiter:

„Eine solche Abkürzung kann schon bei Einbringung des Antrags oder bei der ersten Lesung oder auch später beantragt werden.

B. Jeder Abkürzungsantrag ist sogleich in Verhandlung zu nehmen, wobei die Debatte auf die Frage der Abkürzung beschränkt werden muß."

In der Praxis verläuft die Sache freilich anders. Die Debatte über die sogenannte Dringlichkeit oder Abkürzung kann sehr langwierig werden und ist oft genug schon als bloßes Obstruktionsmittel angewandt worden, wie denn überhaupt die Dringlichkeitsanträge fast nur noch dazu dienen, die Tagesordnung des Hauses zu verrammeln und nicht nur der Regierung, sondern auch der Majorität den Willen einer Minorität aufzudrängen. Es ist schon so weit gekommen, daß sich selbst die Regierung des Mittels der Dringlichkeitsanträge bedienen muß, um befristete Vorlagen, wie gerade jetzt das Budgetprovisorium, überhaupt auf die Tagesordnung zu bringen. Die Abschnitte Cff. lauten:

„Mit einer Stimmenmehrheit von zwei Dritteilen der Stimmen kann beschlossen werden:

D. 1. Daß ein Gegenstand, sei es in der ersten, zweiten oder dritten Lesung, in Verhandlung genommen werde, ohne daß er auf der Tagesordnung war;

E. 2. daß die Beschlußfassung über einen Gegenstand mit Beseitigung jeder Vorberatung vorgenommen werde. Sollte in diesem Falle das Haus die Verweisung an einen Ausschuß während der Verhandlung beschließen, so ist dazu eine Mehrheit von zwei Dritteln der Stimmen erforderlich.

F. Mit einfacher Mehrheit kann beschlossen werden, daß

a) dem Ausschusse zur Berichterstattung eine Frist gestellt,

b) sogleich nach Verteilung des gedruckten Ausschußberichtes zur Verhandlung geschritten,

c) von der Drucklegung des Antrages, oder

d) des Ausschußberichtes Umgang genommen werde."

Alle diese Bestimmungen dienen natürlich einer Beschleunigung des Verfahrens. Über den Inhalt eines Dringlichkeitsantrages wird dann mit einfacher Mehrheit abgestimmt. In der Praxis aber zeigt sich die Gesinnung des Hauses schon bei der Abstimmung über die Dringlichkeit, zu der die Zweidrittelmajorität erforderlich ist. Der Dringlichkeitsantrag wäre an sich schon ein Mittel, einer Regierung den Willen des Hauses nachdrücklich klar zu machen, da nach § 16 B den Vorlagen der Regierung nur vor den anderen Gegenständen der Tagesordnung, nicht aber vor den „dringlichen" der Vorrang eingeräumt ist. Aber diese Waffe ist durch obstruktionistischen Mißbrauch stumpf geworden."

II. Ungarn[1]).

In Ungarn ist das Interpellationsrecht durch das Verfassungsgesetz vom 3. Dezember 1848, Art. 29 gewährleistet.

Die Bestimmungen über das Interpellationsrecht sind in der ungarischen Magnatentafel wesentlich einfacher Art. Jedes Mitglied der Kammer kann ohne weiteres eine Interpellation an jeden Minister richten, darf aber hierbei eine bereits begonnene Diskussion über den Gegenstand der Tagesordnung nicht unterbrechen. Die Interpellation ist schriftlich einzureichen. Der Name des Interpellanten und der wörtliche Text der Interpellation sind im Verhandlungsprotokoll zu vermerken. Der kompetente Minister kann auf der Stelle die nötigen Aufklärungen erteilen oder später, und der kurze Inhalt seiner Erklärungen wird im Verhandlungsprotokoll vermerkt. Der Interpellant kann Bemerkungen über die Erklärungen des Ministers machen. Der Minister kann ein zweites Mal darauf antworten und der Interpellant zum zweiten Male das Wort ergreifen, letzterer aber nur mit Genehmigung der Magnatentafel. Die Kammer nimmt Akt von der Erklärung des Ministers oder geht zur Tagesordnung über[2]).

Wesentlich komplizierter sind die Normen, welche das Interpellationsrecht in der Deputiertenkammer betreffen. Auch hier ist ein unbeschränktes Interpellationsrecht an die Minister, aber auch an den Präsidenten der Kammer, an die Präsidien der einzelnen Abteilungen und Komitees gegeben, in keinem Falle darf aber die Interpellation eine schon begonnene Beratung über einen Gegenstand unterbrechen[3]). Das Verfahren, das bei Interpellationen zu beobachten ist, wird durch den Art. 204 ff. normiert:

Jede Interpellation muß schriftlich unter Anführung des Namens des Interpellanten und des Gegenstandes der Interpellation auf die Tagesordnung gesetzt werden; ferner mit dem Namen des Ministers, an den sie gerichtet ist, in ein besonderes für Interpellationen bestimmtes Register der Kammer eingetragen werden. Die Interpellationen, die schriftlich eingebracht sein müssen, können auch außerhalb der gewöhnlichen Zeit, welche der Tagesordnung gewidmet

---

[1]) Delpech et Moreau, Les réglements des Assemblées législatives, Paris 1906, I., p. 470ff.

[2]) Art. 40 der Gesch.-Ordn. d. Magnatentafel.

[3]) § 67 der Gesch.-Ordn.

ist, eingebracht werden und es kann auch außerhalb jener Zeit geantwortet werden. Sobald jemand eine Interpellation über einen besonders dringenden Fall einzubringen wünscht, um dadurch andere Mitglieder, die ihm in der Tagesordnung vorangehen, auszuschließen, ist er verpflichtet, den Präsidenten davon zu verständigen, welcher, wenn er dazu die Ermächtigung nicht geben kann, die Frage an die Kammer richtet, sobald der Deputierte es wünscht. Die Kammer entscheidet durch einfaches Votum, ob eine solche Dringlichkeit der Interpellation vorliege. Der Minister kann auf der Stelle antworten, sonst aber soll er sich innerhalb eines Zeitraumes von 30 Tagen erklären, ob er auf die Interpellationen antworten will oder nicht. Wenn er den Wunsch ausspricht, auf die Interpellation sich zu äußern, verständigt er die Kammer entweder selbst oder durch den Präsidenten, spätestens einen Tag vorher[1]). Der Interpellant hat das Recht, auf die Antwort des Ministers sich zu äußern. Wenn die Kammer ihn gehört hat, hat der Minister das Recht, ein zweites Mal zu antworten. Es herrscht also in Ungarn sowohl in der ersten wie in der zweiten Kammer die beschränkte Diskussion. Im übrigen kann der Interpellant oder ein anderer Deputierter Anträge über den Gegenstand der Interpellation stellen und der Diskussion und Beschlußfassung über diese Anträge wird durch die Antwort des Ministers in keiner Weise präjudiziert[2]). Auch dieses entspricht ganz dem italienischen Recht, das, wie wir wissen, die Interpellationsbehandlung in zwei Teile zerlegt: Interpellationsverhandlung und Verhandlung von Anträgen, die aus der Interpellation resultieren.

Kein Mitglied des Hauses kann einen Redner durch Interpellation unterbrechen[3]). In der ersten Sitzung jedes Monats gibt der Präsident der Kammer die Liste aller noch ausstehenden Interpellationen bekannt[4]).

III. Österreich-Ungarn.

Das Interpellationsrecht ist auch in den österreichischen Delegationen, das ist in den Ausschüssen des österreichischen und ungarischen Parlaments zum Zwecke der Beratung der gemeinsamen Angelegenheiten, gegeben. Die Geschäftsordnung für die öster-

---

[1]) Art. 204. [2]) Art. 205. [3]) Art. 220. [4]) Art. 231.

reichische Delegation erkennt dieses Interpellationsrecht jedem einzelnen Mitgliede der Delegation unbeschränkt zu. Nur muß die Interpellation schriftlich eingebracht, dem Präsidenten überreicht werden und dem interpellierten Minister sofort zugehen. Die Interpellation wird in der Sitzung verlesen, der Interpellierte kann auf der Stelle antworten oder die Antwort auf eine folgende Sitzung verschieben oder überhaupt unter Angabe der Gründe die Beantwortung verweigern[1]). Für die ungarische Delegation bestimmt deren Geschäftsordnung, daß die eingebrachten Interpellationen sofort nach Genehmigung des Protokolls der vergangenen Sitzung vom Präsidenten zur Kenntnis des Hauses gebracht werden müssen[2]). Im übrigen wird das bei Interpellationen übliche Verfahren befolgt. Bemerkenswert ist die Tatsache, daß in den österreichischen Delegationen seit 1907 nicht bloß die gemeinsamen Minister interpelliert werden können, sondern auch die österreichischen Minister[3]).

§ 13. Dänemark.

I. Geschichtliche Entwicklung.

In Dänemark hielt die Interpellation mit dem beginnenden Verfassungsleben im Jahre 1848 ihren Einzug. In der ständischen Ära, die dem modernen Verfassungsleben voranging, waren Fragen der Mitglieder der Stände an dem königlichen Kommissarius wohl bekannt, aber sie hatten keineswegs die Bedeutung der modernen Interpellationen[4]). Der konstituierende Reichstag von 1848 erließ eine Geschäftsordnung, welche das Interpellationsrecht zum ersten

---

1) § 58 der Gesch.-Ordn. 2) § 113 der Gesch.-Ordn.

3) Siehe Rosegger a. a. O., S. 87.

4) Siehe Beretning om Forhandlingerne paa Rigsdagen, Forste Bind Kjøbenhavn 1848/49, p. 115. Berichterstatter des Geschäftsordnungsausschusses in der Sitzung v. 31. Okt. 48: „... saakaldte Interpellationer. Dette er et Punkt af ikke liden Vigtighed, og det er forsaavidt nyt, som der i Staenderanordningen ingen Bestemmelse derom indeholdtes, ihvorvel det ikke har vaeret ualmindeligt, at saadanne Spørgsmaal ogsaa der gjordes til den kongelige Commissarius, hvilke dog i Reglen ikke havde den Betydning, som de her ville faae.“ Für die analogen deutschen ständischen Verhältnisse des 18. Jahrh. siehe Moser „Von den Teutschen Reichs-Stände Landen“, 1769 (V. Buch, 3. Kap., S. 1309: „Handelt der Regent auf Land-Tagen oder sonst durch darzu bevollmächtigte Commissarien, so übergibt man die Beschwerden an dieselbe Namens des Landes-Herrn.“

Male in Dänemark anerkannte, wie der Bericht der Geschäftsordnungskommission sagt, war insbesondere französisches, aber auch englisches Vorbild hierbei maßgebend. Der § 19 der damaligen Geschäftsordnung[1]) bestimmte:

> „Interpellationen, die ein Mitglied außerhalb der gewöhnlichen Tagesordnung an Mitglieder der Regierung zu richten wünscht, müssen in der vorhergehenden Sitzung dem Vorsitzenden schriftlich überreicht und von bestimmtem Inhalt sein, der Vorsitzende teilt sie dem kompetenten Minister mit und setzt sie auf die Tagesordnung. Ohne solche vorausgehende Anmeldung kann keine Interpellation gestellt werden, es wäre denn mit Zustimmung der Versammlung. Die eingeleitete Interpellation kann übrigens weiter verfolgt werden, sowohl von Interpellanten als auch von anderen Mitgliedern, aber kein Beschluß darf darüber gefaßt werden."

Bemerkenswert ist, daß man in dieser ersten Regelung des Interpellationsrechtes in Dänemark, ähnlich wie um dieselbe Zeit in Frankreich und im österreichischen Kremsierer Reichstag das Interpellationsrecht ein Recht des Individuums nennen kann, da die Versammlung über seine Annahme nicht zu entscheiden hatte. Als Hauptvorteil der Interpellation wurde damals angesehen,

> „daß sie in kritischen Zeiten über augenblickliche Verhältnisse, die zu solchen Interpellationen an die kompetenten Minister Veranlassung gaben, Aufklärung verschaffen und daß auch der Minister in seinem eigenen Interesse wünschen kann, sofort Gelegenheit zu erhalten, auf die Interpellation zu antworten"[2]).

Aus diesem Grunde ist besonders auch die Verordnung vorgesehen, daß mit Zustimmung der Minister und der Versammlung eine Interpellation sofort behandelt werden könne. Eine weitere Eigentümlichkeit der damaligen Regelung, eine Eigentümlichkeit, die für die weitere Ausgestaltung des dänischen Interpellationsrechtes von großer Bedeutung wurde, war die Bestimmung, daß die eingebrachte Interpellation auch von anderen Mitgliedern als vom Antragsteller verfolgt werden konnte, was in der Praxis häufig dazu führte, daß

---

[1]) Siehe Beretning a. a. O., Bd. 2, VII.

[2]) Das war genau das Rezept der konstitutionellen Doktrin Mittermaiers. Siehe weiter unten § 14 S. 140.

der Antragsteller nicht einmal zur Begründung seiner Interpellation zugelassen wurde, sondern andere Mitglieder durch Formulierung anderer Interpellationen über ähnliche Gegenstände ihm zuvorkamen, mit anderen Worten, trotz der strengsten Individualisierung nach der Einbringung der Interpellation herrschte doch der größte Kommunismus für ihre weitere Ausgestaltung. Das ist eine Besonderheit des dänischen Rechtes. Sie war damals deshalb normiert, weil, wie der Abgeordnete Algreen-Ussing, der Berichterstatter der Geschäftsordnungskommission sagte, es zu den gewöhnlichen Grundsätzen parlamentarischer Taktik gehöre,

> „daß solche Interpellationen, damit die in ihnen oft gelegene Schärfe gemildert werden kann, gewissermaßen in einen milderen Mund verlegt werden, der einer moderierten Fraktion der Versammlung angehört."

Auch wollte man auf diese Weise bewirken, daß Interpellationen, wenn sie von einer bestimmten Parteiseite kamen, für den Augenblick gefährlich und bedenklich für das Allgemeinwohl wären, durch andere Formulierungen ersetzt werden durften. Schließlich sprach als Grund für diese Regelung die Tatsache mit, daß der eigentliche Interpellant, vielleicht weniger sachkundig, von dem Minister eine ausweichende Antwort bekäme, während ein anderer erfahrener Abgeordneter dem Minister jedes Ausweichen durch geschicktere Formulierung abschneiden könnte[1]).

Auf diese Weise war eine weitgehende Debattierfreiheit im Anschluß an die Einbringung der Interpellation und an die Antwort des Ministers zugelassen. Dieser weitgehenden Debattierfreiheit mußte natürlich auch eine gewisse Grenze gesetzt werden, und als Korrelat dieser Freiheit ergab sich die Einführung der Vorfragen, der questions préalables nach französischem Muster. Dieses bestimmte dann der § 20 der Geschäftsordnung des konstituierenden Reichstages:

---

[1]) Siehe Beretning a. a. O., S. 116: „Hvis nu Svaret bliver fyldestgjørende, er der ingen videre Grund til, at Sagen forfolges videre; men i modsat Fald er det vigtigt, at andre Medlemmer af Forsamlingen ikke er afskaaret Adgang til at optage Spørgsmaalet igjen, Noget, hvortil den egentlige Interpellant ikke altid vil føle sig kaldet eller have den fornødne Dygtighed og Sagkundskab, medens det dog kan vaere vigtigt, at Spørgsmaalet kan blive fremsat i en skarpere og bestemtere Form, der ikke tilsteder undvigende Svar, men gjør det nodvendigt for vedkommende Ministre at udtrykke sig tydeligt og bestemt."

„Wenn eine Interpellation, ein Antrag oder ein Abänderungsantrag eingebracht oder begründet ist, so ist jedes Mitglied des Reichstages berechtigt, die Abweisung zu verlangen. Die Versammlung bestimmt dann, ohne Debatte, ob diese stattfinden soll."

Daß damit nun die Einführung der questions préalables nach französischem Muster beabsichtigt war, sagte damals ausdrücklich der Berichterstatter des Geschäftsordnungsausschusses[1]).

Man dachte nicht im mindesten daran, daß aus dieser Vorfrage sich die heutige motivierte Tagesordnung in Dänemark entwickeln könnte. Die Geschäftsordnung des Folketing vom Jahre 1850 nahm die eben angeführten Paragraphen als § 28 und § 29 in modifizierter Form auf. Zwar blieb die Vorfrage, wie sie der frühere § 20 normiert hatte, als § 29 der Geschäftsordnung von 1850 fortbestehen, aber der § 19, der von Interpellationen im allgemeinen gehandelt, wurde geändert und zwar wurde an Stelle des Individualrechtes der Interpellation die Genehmigung der Versammlung zur Einbringung jeder Interpellation verlangt.

Der aus diesen Verhandlungen hervorgegangene § 28 ist noch heute in Geltung. Der Grund, der zu dieser Umwandlung des ursprünglichen Individualrechts führte, war folgender. Die Bestimmung des damaligen Grundgesetzes vom Jahre 1849 lautete im § 66:

„Jedes Reichstagsmitglied kann in seinem Ting mit dessen Zustimmung jede öffentliche Angelegenheit zur Verhandlung bringen und deshalb die Aufklärung der Minister verlangen."

Diese Bestimmung findet sich auch im heutigen Staatsgrundgesetze § 62. Damals führte sie dazu, das bisher unumschränkte Individualrecht der Interpellationen von der Genehmigung des Tings abhängig zu machen. Daß es mit der bisherigen Individualfreiheit vorbei war, fühlte man wohl[2]).

---

1) Siehe Algreen-Ussing a. a. O., S. 116.

2) Siehe Rigstagstidende Verhandlungen 1850, 1. Bd., S. 344. Abg. Grundtvig: „Idet jeg skal tage Ordet for det i mine Øine meget vigtige Forslag, at der maatte skee en Aendring ved § 28, da den ellers, som den er, naesten vi afskaere den hele Frihed, vi hidtil have nydt til at gjøre Forespørgsler hos de aerede Ministre om alle Rigets offentlige Anliggender."

Das half aber nichts. Der Berichterstatter des Geschäftsordnungsausschusses machte auf die ausdrückliche Bestimmung des Grundgesetzes aufmerksam, die die Zustimmung des Tings verlangte und wollte nicht einmal zugeben, daß im allgemeinen die Zustimmung des Tings zu jeder Interpellation präsumiert werden sollte, wie dieses ein Antrag Grundtvig beabsichtigte, der damals gestellt wurde und lautete:

> „Wohl kann eine solche Interpellation nur mit Zustimmung des Tings gemacht werden, aber sie wird immer vorausgesetzt, wenn nicht der Minister ausdrücklich verlangt, daß eine Abstimmung darüber stattfinden solle, die ohne weitere Diskussion stattfinden muß.“

Grundtvig wollte allein dem Minister das Recht des Einspruches gegen eine Interpellation geben. Der Geschäftsordnungsausschuß und mit ihm das Ting blieben dabei, daß die Zustimmung des Hauses immer nötig sei und so wurde der damalige § 28 der Geschäftsordnung, der vollständig dem heutigen § 24 korrespondiert, angenommen. Bemerkenswert ist, daß damals ein Antrag gestellt wurde,

> „jede weitere Diskussion im Anschluß an die Interpellationen nach der Antwort des Ministers abzuschneiden“.

Es war hier also Ähnliches beabsichtigt, wie durch die Viebahnsche Geschäftsordnung in Preußen. Der Antrag fiel in Dänemark, weil man ihn als unzulässige Einschränkung und Abänderung des Verfassungsgrundgesetzes, das freies Interpellationsrecht vorsah, ansah und man zu einem freien Interpellationsrecht auch eine freie Diskussion im Anschluß an eine Interpellation rechnete. Der Antrag wurde als verfassungswidrig nicht einmal in Erwägung gezogen[1]).

Als im Jahre 1867 ein neues Grundgesetz an Stelle des von 1849 trat, ergab sich die Notwendigkeit, die Geschäftsordnung des Folketing von 1850 zu reformieren. In bezug auf das Interpellationsrecht blieb es bei der Bestimmung des § 28 der früheren Geschäftsordnung von 1850. Dieser Paragraph kam in veränderter Form in die Geschäftsordnung vom 2. Mai 1867 und ist als § 24 noch heute in Geltung. Aber die Vorfrage, die der § 29 der Geschäftsordnung von 1850 unverändert aus dem Jahre 1848 übernommen hatte, erfuhr nun eine Umgestaltung, indem Vorsorge dafür getroffen wurde, daß der Interpellant nicht durch die allgemeine Debattierfreiheit,

[1]) Siehe Rigstagtidende a. a. O., 1850, I. Bd., S. 347.

wie sie auch seit 1850 bestand, in seinen Rechten verkürzt wurde. Durch die allgemeine Debattierfreiheit, insbesondere durch die Möglichkeit, daß jedes Mitglied an Stelle des Interpellanten Begründung und Formulierung der Interpellation vornehmen konnte, war es bis 1867 möglich gewesen, daß die Abweisung einer Interpellation von irgendeinem Mitgliede beantragt werden konnte, noch ehe der Interpellant selbst zum Worte gekommen war. Auch konnte, wenn der Interpellant die Begründung überhaupt nicht vornahm und ein anderes Mitglied die Sache nicht weiterverfolgen wollte, die Interpellation gar nicht zu einem Ende gebracht werden, obwohl es vielleicht besser gewesen wäre, wenn sie überhaupt ein für allemal durch Ablehnung erledigt worden wäre. Aus diesem Grunde[1]) wurde der Satz in die Geschäftsordnung aufgenommen, daß das Begehren auf Abweisung einer Interpellation, also die Vorfrage, nur dann gestellt werden konnte, wenn zuvor der Interpellant zum Worte gekommen war. Die Versammlung sollte also bestimmen, ob die Abweisung stattzufinden habe. Doch sollte der Interpellant, der vor der Stellung des Abweisungsbegehrens gehört worden, jederzeit verlangen können, daß er zur Begründung der Interpellation zugelassen würde. Das kommunistische Verfügungsrecht über die Interpellation hörte nun auf. Auch noch ein anderes Novum wurde geschaffen. Aus der einfachen Vorfrage entwickelte sich die motivierte Tagesordnung, d. h. man brach mit dem früheren Grundsatze, daß keine Beschlüsse gefaßt werden durften, ließ vielmehr einen solchen Beschluß in der Form einer motivierten Tagesordnung zu: das sogenannte Abweisungsbegehren, die ursprüngliche einfache Vorfrage konnte noch mit Gründen versehen werden, d. h. es konnte der Beschluß motiviert werden, weshalb man über die Interpellation zur Tagesordnung hinweggehe. Eine solche motivierte Tagesordnung enthielt also nach dänischem Recht zweierlei. Einmal die Abweisung der Interpellation, sodann aber auch einen Beschluß der Begründung, weshalb die Abweisung stattfand[2]). Daß man so leichtherzig jetzt dennoch Be-

---

[1]) Siehe Tillaeg B. til Rigsdagstidenden. Ordentlig Samling 1866—67, S. 150.

[2]) Siehe Rigsdagstidende. Forhandlinger paa Folketinget. Ordentlig Samling 1866—67, 2. Bd., S. 2687 sagt der Berichterstatter des Geschäftsordnungsausschusses von 1867: „En saadan motiveret Overgang til naeste Sag paa Dagsordenen har en dobbelt Charakteer, idet den deels har Noget af en Beslutning i sig, deels Noget af en Afviisning."

schlüsse zuließ, Beschlüsse in der Form der motivierten Tagesordnung, während man sie früher ausgeschlossen hatte, erklärt sich daraus, daß ja die Kammer nunmehr seit 1850 nicht mehr eine Interpellation anzunehmen brauchte, die in ihr eingebracht war, sondern zu ihrer Einbringung ihre Zustimmung geben mußte. Damit erlangte sie Kontrolle über die Interpellation in einem früheren Stadium und konnte Beschlüsse der genannten Art gestatten. Dies ist die geschichtliche Entwicklung des Interpellationsrechtes im Folketing, die Entwicklung der Bestimmung im Landsting war ähnlich, auch sind die hier geltenden Bestimmungen mit denen des Folketing identisch.

II. Das geltende Recht.

Gemäß § 62 des Staatsgrundgesetzes kann jedes Mitglied in seinem Ting mit dessen Zustimmung jede öffentliche Angelegenheit zur Verhandlung bringen und deshalb von den Ministern Aufklärung verlangen. Demgemäß bestimmt die Geschäftsordnung beider Häuser (§ 24 des Folketing, § 30 des Landesting), daß eine solche Interpellation (Forespørgsel) schriftlich und bestimmt abgefaßt dem Vorsitzenden der Versammlung überreicht werden muß, der sie der Versammlung mitteilt, worauf diese entscheidet, ob die Interpellation gestellt werden soll. Die Zustimmung der Versammlung kann entweder ausdrücklich oder stillschweigend erteilt werden, indem eine Abstimmung nur dann stattfindet, wenn sie verlangt wird und in solchen Fällen keine Diskussion vorausgehen darf. Stimmt das Ting zu, so wird die Interpellation, nachdem sie zuvor dem kompetenten Minister mitgeteilt ist, in der folgenden Sitzung gestellt, in welcher dann entweder der Interpellant oder ein anderes Mitglied die Interpellation weiterverfolgen kann. Das Ministerium muß auf die Interpellation eine Antwort erteilen, freilich braucht diese Antwort keine andere zu sein als die, daß das Ministerium keine materielle Antwort geben könne aus bestimmten Gründen[1]). Auch braucht die Antwort des Ministeriums[2]) keine mündliche zu sein, da aus dem § 62 des Grundgesetzes keine Verpflichtung des Ministeriums folgt, sich im Ting einzufinden, um die Interpellation

---

[1]) Siehe Matzen, Den danske Staatsforfatningsret, 2. Bd., 1908, S. 355.
[2]) Siehe Matzen a. a. O., S. 120.

zu beantworten. Insbesondere existiert in Dänemark keine Bestimmung, wie es das preußische Recht (Art. 60 II der Verf.) und das belgische Recht (Art. 82 III der Verf.) hat, wonach jede Kammer die Gegenwart der Minister verlangen kann. Als Resultat der Interpellation kann im allgemeinen kein Beschluß gefaßt werden; nur eine einzige Form des Beschlusses ist zulässig, der motivierte Übergang zur Tagesordnung über die Interpellation[1]). Dieser Antrag auf motivierten Übergang zur Tagesordnung, der einzige Beschluß also, der aus einer Interpellation resultieren kann, muß in schriftlicher Form dem Präsidenten überreicht werden. Es wäre daher nicht richtig, Dänemark in der Hinsicht den konstitutionellen Monarchien des Kontinents, besonders denen Deutschlands, an die Seite zu stellen. Dänemark besitzt eine motivierte Tagesordnung. Wie wirksam diese werden kann, möchte ich an einigen Beispielen solcher Anträge auf motivierte Tagesordnungen nachweisen.

Ich greife Interpellationen aus neuester Zeit heraus und stütze mich hierbei auf das „Aarborg for riksdagssamlingen" von Fr. Kretz, Kjøbenhavn 1901ff. In der Session 1900/01 stellte am 18. März die sozialdemokratische Gruppe an den Ministerpräsidenten die Interpellation:

> „Beabsichtigt die Regierung Maßregeln zu treffen, um in wirksamer Weise der herrschenden Arbeitslosigkeit entgegenzuwirken, und will die Regierung dazu mitwirken, daß aus der Staatskasse Mittel zur Verfügung gestellt werden, welche der Not abhelfen sollen, die schon jetzt besteht, oder später infolge der Arbeitslosigkeit hervorkommen kann?"

Darauf wurde folgende motivierte Tagesordnung angenommen[2]):

> „Indem das Folketing seinen Wunsch ausspricht, daß die Regierung Vorsorge dafür treffen solle, daß größere Staatsarbeiten soweit als möglich in der arbeitslosen Zeit zur Ausführung gebracht werden, und zwar mit dänischen Arbeitern, geht die Versammlung zum folgenden Gegenstand der Tagesordnung über."

---

[1]) § 26 der Gesch.-Ordn. des Folketing; § 32 der Gesch.-Ordn. des Landsting.

[2]) Siehe Aarbog a. a. O., 1900/01, S. 184.

Am 18. März desselben Jahres richtete die sozialdemokratische Gruppe an den Minister der öffentlichen Arbeiten die Interpellation:

„Wie bringt der Minister seinen Erlaß an den Packmeister der dänischen Staatsbahnen Pedersen, wonach dessen Stellung als Packmeister mit der Annahme einer Wahl zum Folketing unvereinbar sein solle, in Übereinstimmung einerseits mit den bürgerlichen und verfassungsmäßig gewährleisteten Rechten, die die Wahlbewerbung zum Reichstag zulassen, andererseits mit dem im § 56 des Grundgesetz enthaltenen Bestimmungen, und beabsichtigt der Minister, wenn der Genannte dessenungeachtet sich um die Wahl bewirbt und sie annimmt, ihm den Abschied zu erteilen?"

Auf diese Interpellation wurde folgende motivierte Tagesordnung angenommen:

„Indem das Folketing es mißbilligt, daß der Minister ohne zureichenden Grund in die Frage eingegriffen hat, ob der genannte Funktionär eine Wahlkandidatur annehmen darf, geht das Ting zum nächsten Gegenstand der Tagesordnung über"[1]).

In der Session von 1905/06 stellte am 3. April eine Anzahl von Abgeordneten folgende Interpellation an den Kultusminister:

„Beabsichtigt der Minister in nächster Zeit den Zirkularerlaß an die Schuldirektoren, datiert Kopenhagen 22. April 1885, aufzuheben, der den Versuch macht, den Volksschullehrern ihre landesbürgerliche und allgemeine Meinungs- und Versammlungsfreiheit zu nehmen und aus welchem Grunde ist das erwähnte Zirkularreskript bisher noch nicht aufgehoben worden?"

Zwei motivierte Tagesordnungen wurden dazu gestellt[2]). Die eine motivierte Tagesordnung, welche der Abgeordnete Fogtmann einbrachte, lautete:

„Indem das Folketing seine Mißbilligung ausspricht, daß der Minister für Kirchen und Unterrichtssachen bisher keine Gelegenheit benutzt hat, um eine klare und bestimmte Zusage über die Aufhebung des Zirkularerlasses vom 22. April 1885 auszusprechen, geht es zur Tagesordnung über."

[1]) Siehe Aarbog a. a. O., S. 187. [2]) Siehe Aarbog, 1905/06, S. 258.

Eine zweite Tagesordnung lautete:

„Indem das Folketing ebenso wie der Minister für Kirchen- und Unterrichtssachen den Wunsch hat, den Lehrern ihre Meinungsfreiheit, die ihnen das Gesetz gewährt, zu erhalten, und auch nicht findet, daß der vorerwähnte Zirkularerlaß vom 22. April dies verhindert, geht es zur Tagesordnung über."

Das letztere Vertrauensvotum der Regierung in Gestalt einer motivierten Tagesordnung wurde angenommen. Aber wir müssen uns hüten, französische Vorstellungen von motivierter Tagesordnung hierher zu übertragen. Eine motivierte Tagesordnung, die ein Mißtrauensvotum bedeutet, hat die gewöhnliche Form „Idet Folketinget udtaler sin Misbilligelse af... gaar det over til Dagsordenen" oder „gaar Tinget over til den naeste Sag paa Dagsordenen." Die Minister demissionieren hier nicht infolge eines Mißtrauensvotums der parlamentarischen Körperschaften[1]). Der König hat allein das unbeschränkte Ernennungsrecht seiner Minister[2]). Trotzdem wird

[1]) Matzen a. a. O., II., S. 87ff. Zwar kann die Volksvertretung einen gewissen Einfluß auf die Zusammensetzung des Ministeriums nehmen, nämlich durch sogenannte Adressen, die die Unzufriedenheit mit der Politik des bestehenden Ministeriums aussprechen, sogenannte Mißbilligungsadressen. Die Wirksamkeit solcher Adressen hängt im wesentlichen gerade davon ab, ob beide Abteilungen des Reichstages oder nur eine sie abfassen. Nicht selten kommt es vor, daß das eine Ting eine Mißbilligung, das andere eine Vertrauenskundgebung in Form einer Adresse an den König zum Ausdrucke bringt. Keine der Folketing-Adressen vom Jahre 1873—85, die eine solche Gegenadresse von seiten des Landsting hervorgerufen, veranlaßte den Abgang eines Ministeriums. Die Budgetverweigerung hat das Folketing am 17. April 1872 und am 16. Oktober 1885 dazu benützt, um den Abschied der Minister zu erzwingen. Deshalb sagt Matzen a. a. O.: „Rechtlich können daher die Minister von ihrem Posten gegen den Willen des Königs nicht entfernt werden."

[2]) Siehe Matzen a. a. O., Bd. 2, S. 79: „Om Ministrenes Udnaevnelse maerkes Reglen i Grl.'s § 13, hvorefter Kongen udnaevner dem. At denne Ret er ham grundlovmaessig tilsikret, saaledes at den ikke paa samme Maade som Retten til at udnaevne andre Embedsmaend ifolge Grl.'s § 17 kan berøves Kongen ved simpel Lov, er alt berørt i foregaaende Paragraf. Den naturlige Grund til denne Forskrift ligger i den overordentlige Betydning, som tillkommer Ministerembederne som Følge af, at Kongen kun kan regere ved Hjaelp af deres Indehavere. En Forandring i Henseende till disses Udnaevnelsesmaade, hvorefter de kunde vaelges af Repraesentationen eller beskikkes efter Forslag fra denne, vilde materielt set vaere af en saa vaesentlig og indgribende Betydning, idet den aldeles vilde forrykke Forfatningens Tyngdepunkt til Fordel for Repraesentationen, at den kun bør kunne og kunne ske gjennem en Grundlovsforandring."

diesen motivierten Tagesordnungen wie allen Interpellationen in Dänemark eine große Bedeutung beigelegt[1]). Durch sie gewinnt der Reichstag einen bedeutenden Einfluß auf innere und äußere Politik der Regierung, indem er sie zur Annahme bestimmter Verwaltungsgrundsätze veranlaßt, wie wir dieses an einigen Beispielen gezeigt haben.

Anhang.[2])

Geschäftsordnung für das Folketinget. VIII. Interpellationen (Forespørgsler).

§ 24.

„Wünscht ein Mitglied eine öffentliche Angelegenheit zur Verhandlung zu bringen, und deswegen von einem oder mehreren Ministern Aufklärung zu erlangen (§ 62 des Grundgesetzes), so soll das in Form einer Interpellation geschehen, die schriftlich und bestimmt abgefaßt dem Vorsitzenden der Versammlung überreicht, in derselben Sitzung angemeldet und in der folgenden Sitzung zur Entscheidung des Tings gebracht wird, ob sie gestellt werden kann. Wird die Zustimmung gegeben, was ohne Diskussion geschehen muß, so teilt der Vorsitzende sie dem oder den kompetenten Ministern mit und sie wird in der darauffolgenden Sitzung gestellt und verhandelt. Bei dieser Diskussion darf kein Beschluß (siehe jedoch § 26) gefaßt werden."

§ 26.

„Ein Abänderungsantrag oder eine Interpellation kann auf Wunsch eines Mitgliedes abgewiesen werden. Dieses Begehren soll gestellt werden, bevor irgendein anderer als der Antragsteller oder Interpellant das Wort erhalten hat. Das Ting bestimmt ohne Debatte, ob die Abweisung erfolgen solle, doch kann der Antragsteller oder Interpellant, wenn er, bevor die Abweisung begehrt wird, noch nicht das Wort gehabt hat, verlangen, daß er das Wort zur Begründung seines Antrages oder seiner Interpellation erhalte. Es kann auch zur Verhandlung

[1]) Siehe Matzen a. a. O., S. 120.

[2]) Ich gebe diese Paragraphen besonders wieder, weil sie sich nicht in der Sammlung von Delpech u. Moreau finden.

gestellt werden ein mit Gründen ausgestatteter Antrag auf Übergang zum nächsten Gegenstand der Tagesordnung, welcher Antrag jedoch im vorhinein schriftlich dem Vorsitzenden mitgeteilt werden muß."

Geschäftsordnung des Landestinget VI. Interpellationen. § 30 gleichlautend mit § 24 der Geschäftsordnung des Folketings.

VII.

„Zurückziehung, Abweisung und Übergang zum nächsten Gegenstand der Tagesordnung."

§ 32.

„Wenn ein Amendement oder ein Subamendement oder eine Interpellation gestellt und begründet ist, so ist jedes Mitglied berechtigt, seine Abweisung zu verlangen, worüber das Ting ohne Debatte abstimmt. Es kann auch von jedem Mitglied zur Verhandlung gestellt werden ein mit Gründen ausgestatteter Antrag auf Übergang zum nächsten Gegenstand der Tagesordnung (en motiveret dagsorden), welcher Antrag schriftlich dem Vorsitzenden übergeben werden muß. Amendements und Subamendements zur motivierten Tagesordnung können von jedem einzelnen Mitgliede gestellt werden oder vom Minister, wenn sie während der Verhandlung schriftlich dem Präsidenten übergeben werden."

§ 14. Theoretische und praktische Resultate.

1. Wesen und Zweck des Interpellationsrechts.

Zunächst sei festgestellt, daß wir im folgenden nur von Interpellationen und Fragen handeln, die nicht im Laufe von Beratungsverhandlungen aufgeworfen werden, sondern einen besonderen Punkt der Tagesordnung bilden. Wenn wir die neueren und neuesten Schriftsteller über das Wesen des Interpellationsrechtes und seine Bedeutung im Staatsrechtssystem fragen, so erhalten wir oft ganz verschiedenen Bescheid. Die deutschen Schriftsteller, allen voran Laband, sind geneigt, das Interpellationsrecht als ein „Pseudorecht" zu bezeichnen. Nach Laband ist das Interpellationsrecht des Reichstages weiter nichts als „die allgemeine, recht vielen Menschen zukommende Fähigkeit, an die Regierung Fragen zu stellen, welche dieselbe je nach Belieben einer Antwort würdigen oder unbeantwortet lassen kann"[1]). Auch Seydel scheint nicht abgeneigt zu sein, das Interpellationsrecht als „natürliches Recht" zu bezeichnen, das auf derselben Stufe stehe, wie die allgemeine Freiheit des Menschen, zu tun und zu lassen, was einem beliebt. Demgegenüber betonen die romanischen, insbesondere die französischen und italienischen, die rechtliche und politische Wichtigkeit des Interpellationsrechtes. So erklärt Rossi schon in den 30er Jahren des 19. Jahrhunderts[2]), daß die Aufagbe des Parlamentes keine bloß legislatorische sei, sondern daß es auch eine bedeutende Verwaltungskontrolle ausübe und daß ein wichtiges Mittel dieser Verwaltungskontrolle eben die Interpellation sei. Daneben wird die Bedeutung des Interpellationsrechtes von Rossi darin erblickt, daß es ein Mittel sei, um die öffentliche Meinung für eine wichtige Angelegenheit besonders zu interessieren. Seit der Zeit haben auch alle romanischen Schriftsteller diese beiden Funktionen der Interpellation nachdrücklich hervorgehoben.

Wie die Theoretiker, so sind die Parlamentarier in der Frage des Interpellationsrechts nach Ländern geschieden. Manche deutsche Parlamentarier erblickten und erblicken im Interpellationsrecht ebenfalls nichts anderes als die natürliche Fähigkeit zu fragen, die jedem Menschen zukommt. So sagte der Abgeordnete Baumstark im konstituierenden Reichstage des Norddeutschen Bundes[3]):

> „Das Recht der Interpellation muß eine solche Versammlung haben, und hat es nach meiner Überzeugung als solche

---

[1]) Siehe Laband, Deutsches Staatsrecht, 4. Aufl., Bd. 1, S. 283ff.

[2]) Siehe Rossi, Cours de droit constitutionel, Paris 1836, p. 151: „L'action des Assemblées délibérantes sur la marche des affaires publiques, n'est pas seulement l'action directe et immédiate qu'elles exercent en faisant les lois et en votant le budget, il y a l'action indirecte qui est bien autrement efficace.

Que de choses que le pouvoir ne fait pas et n'imagine même pas, parce qu'il y a une discussion publique, parce qu'il y a un droit d'interpellation! Ainsi il est vrai en principe, que les Chambres n'administrent pas, mais elles exercent une contrôle sur toutes les branche de l'administration: on sait que le Parlement est là; et cette action est bien autrement tutélaire pour la prosperité et la liberté du pays, que les quelques lois qu'on fait et le budget qu'on vote."

[3]) Siehe Bezold, Materialien der deutschen Reichsverfassung, Bd. II, Berlin 1873, S. 87.

vermöge der übrigen Rechte, die ihr zugestanden werden müssen, und vermöge ihrer Pflichten. Ich würde einem Antrage, das Interpellationsrecht einzuführen, an und für sich gar nicht entgegentreten; ich würde aber auch wiederum keinen Mangel darin erblicken, wenn das Interpellationsrecht nicht erwähnt würde.“

Wie anders klingen doch die Worte des Abgeordneten Sancho in der spanischen Cortes von 1838, der die Interpellation ein Recht der Minorität nannte und nicht zugeben wollte, daß Interpellationen Zeitvergeudung wären, da die Aufgabe der parlamentarischen Körperschaft nicht bloß Gesetzgebung, sondern auch Kontrolle der Verwaltung sei. Wie anders klingen aus neuerer Zeit die Worte des Geschäftsordnungsausschusses der belgischen Repräsentantenkammer von 1900—1901, der vom Interpellationsrecht sagt:

„Il assure l'efficacité du contrôle des agissements du pouvoir et permet de signaler à l'opinion publique les faits graves de nature à l'émouvoir légitiment.“

Also außer der bloßen Verwaltungskontrolle kommt es auf ein Inbewegungsetzen (émouvoir) der öffentlichen Meinung an. Das ist die gegensätzliche Auffassung der deutschen und romanischen Theoretiker und Parlamentarier. Diese verschiedene Auffassung des Interpellationsrechtes ist natürlich ein Produkt der rechtlichen Bestimmungen, wie sie die Geschäftsordnungen der in Frage kommenden Völker zum Ausdruck bringen. Man wäre vielleicht geneigt, diese verschiedene Auffassung auf völkerpsychologische Motive zurückzuführen: Redelust bei den romanischen Völkern, Betonen des oratorischen Momentes, um das „émouvoir“ der „opinion publique“ herbeizuführen, das Fehlen dieser Eigentümlichkeit beim deutschen Volke. Sieht man aber näher zu, so findet man, daß auch in Deutschland die heutige Auffassung der romanischen Völker durchaus nicht fremd war. Wir haben oben (S. 105) im Jahre 1848 in Preußen die doppelte Funktion der Interpellation als Kontrollmittel und als Mittel, um die öffentliche Meinung in Bewegung zu setzen, und zwar von dem Abgeordneten Baumstark vertreten hören, der im konstituierenden Reichstage das Interpellationsrecht als etwas ganz Gleichgültiges bezeichnete. Und Mittermaier, der Hauptvertreter der konstitutionellen Doktrin in Deutschland, sagt von den Interpellationen (in Rotteck und Welcker, Staatslexikon)[1]: „Daß der gefragte Minister nicht genötigt werden kann, eine Frage zu beantworten, versteht sich; eigenes Interesse wird ihn oft antreiben, zu antworten, damit nicht sein Schweigen als Zugeständnis oder als Schwäche ausgelegt werde. Wenn auf einer Seite solche improvisierte Fragen und Äußerungen leicht die Ordnungen der Beratungen stören und eine oft nicht vorausgesehene, der Würde der Kammer nachteilige Aufregung veranlassen können, so haben sie auf der anderen Seite für sich, daß dadurch oft andere, sonst durch eigentliche Motion weitläufige förmliche Verhandlungen abgeschnitten werden, und daß oft momentane Ereignisse Anfragen und Bemerkungen im Interesse des Volkes fordern können.“ Ist demnach der Unterschied zwischen romanischer und deutscher Auffassung in bezug auf Bedeutung und Zweck des Interpellationsrechtes keineswegs nur auf völkerpsychologische Momente zurückzuführen, so wird man nach anderen Quellen suchen müssen, und sie sind auch in neuester Zeit von einem Italiener in der Verschiedenheit der Regierungsformen gefunden worden[2]). Parlamentarische Regierungen sollen allein dem Interpellationsrecht zu seiner wahren Bedeutung verhelfen, während der Typus der konstitutionell regierten Monarchien dieses ausschließt. Trifft dies zu?

Nur ein historischer Überblick über die Entwicklung des Interpellationsrechtes im Rahmen der Ministerverantwortlichkeit kann uns m. E. diese Frage beantworten. Er kann auch nach dem Vorhergesagten mit einigen scharfen Strichen gezeichnet werden.

Jeder Form und Art der Verwaltung entspricht ein besonderer Typus von Ministerverantwortlichkeit. Die mittelalterliche Verwaltung war, wie wir dieses am englischen Beispiel gezeigt haben, eine Kanzleiverwaltung. Dieser Verwaltungstätigkeit, die sich in festen Formen vollzog, entsprach eine Ministerverantwortlichkeit, die durch Unterschrift und Siegel herbeigeführt werden konnte. Da sich die Verwaltungstätigkeit in festen Formen vollzog, war auch der Nachweis schuldbaren Handelns der Minister damals durch urkundliche Unterschriften und Siegel leicht festzustellen. Als nun

[1]) Siehe Bd. VI, 3. Aufl., 1862, S. 422. (Der Satz findet sich auch schon in den früheren Auflagen der 30er und 40er Jahre.)

[2]) Siehe Bragaglia a. a. O., S. 227ff.

unter dem Ansturm der französischen Revolution die mittelalterliche Verwaltungsform in die Brüche ging, lieferte auch die konstitutionelle Doktrin alsbald eine neue Form der Ministerverantwortlichkeit. Die Anweisung hierfür gab Montesquieu[1]) in seinem berühmten 6. Kapitel des XI. Buches, wo er die Verfassung Englands als Idealbild schildert, nicht so, wie sie wirklich war, sondern wie er sie sah. Er sagt dort:

„Dagegen darf die gesetzgebende Gewalt nicht die Befugnis haben, der vollziehenden Einhalt zu tun. Denn da der Vollziehung durch ihre Natur selbst Schranken gesetzt sind, wäre es unnütz, sie zu beschränken, abgesehen davon, daß sie immer nur bei augenblicklich dringenden Fällen ausgeübt wird. . .

Darf aber in einem freien Staate der gesetzgebenden Gewalt nicht das Recht zustehen, der vollziehenden Einhalt zu tun, so hat sie das Recht und muß die Befugnis haben, zu untersuchen, auf welche Weise die Gesetze, die sie gegeben, vollzogen worden sind; und dies ist eben der Vorzug dieser Regierung vor jener von Kreta und Lakedämon, wo die Kosmen und die Ephoren über ihre Verwaltung keine Rechenschaft ablegten.

Welcher Art aber diese Untersuchung sei, in keinem Falle darf der gesetzgebende Körper die Macht haben, die Person und folglich die Aufführung dessen, dem die Vollziehung zusteht, zu richten. Seine Person muß heilig sein. Er ist dem Staate notwendig, damit der gesetzgebende Körper nicht tyrannisch wird, und von dem Augenblick an, da er angeklagt oder verurteilt würde, gäbe es keine Freiheit mehr."

Seine Auffassung ging also dahin, daß die Exekutive als ausführende Tätigkeit gegenüber den Gesetzen zu kontrollieren sei, und zwar daraufhin zu kontrollieren sei, ob sie den Gesetzen entsprechend erfolge. Die Ministerverantwortlichkeit war also auf diese Formel hin eingerichtet. Mit der alten siegelmäßigen Verantwortlichkeit der Minister waren die neuen Verwaltungsformen nicht zu beherrschen; diese neuen Verwaltungsformen waren auf die Trennung von Justiz, Verwaltung und Gesetzgebung gebaut. Der Administrator,

[1]) Siehe Montesquieu, Geist der Gesetze, IV. Teil, Leipzig 1843, S. 50.

der Verwalter, durfte nicht richten, der Richter nicht verwalten. Hatte die Verwaltung Recht zu setzen, so mußte sie es in derselben unabhängigen Form wie der Richter tun. Die Verwaltung war bloße Ausführung von Gesetzen, demnach konnte man sie außer durch Verwaltungsgerichtsbarkeit noch durch Ministerverantwortlichkeit kontrollieren. Die alten Unterschriften nützten nichts mehr, womit man seinerzeit in England[1]), Schweden[2]), Norwegen[3]) und Frankreich[4]) die Minister kontrolliert hatte. Wenn man aber für jeden Regierungsakt des Monarchen die Unterschrift des Ministers verlangte (Kontrasignatur), so konnte man, vorausgesetzt, daß die Verwaltungstätigkeit nur Ausführung von Gesetzen war, immer darauf rechnen, daß die gesamte Staatstätigkeit, die sich Verwaltung nennt, auch gehörig kontrolliert würde. Und so wurden in das System der Ministerverantwortlichkeit als Grundstein aufgenommen Kontrasignatur und Ministeranklage für den Fall, daß die Minister dem Monarchen zur Setzung eines verfassungs- und gesetzwidrigen Aktes geraten hätten. Unter dem Banne dieser konstitutionellen Doktrin, die sich in Frankreich ebenso wie auf dem Kontinent entwickelte, steht auch jener Mann, der das erste und bedeutendste Buch über Ministerverantwortlichkeit veröffentlicht hat, Robert Mohl. Er verlangt zur Begründung der Ministeranklage zwar bloß ein verfassungswidriges Vorgehen der Exekutive, erstreckt aber dieses so weit, daß er auch die Verletzung von Individualrechten als Grund der Ministeranklage anführt, so daß beinahe jedes gesetzwidrige Handeln der Minister unter die Ministeranklage fällt[5]). Zwar geht er nicht so weit, daß er jedes gesetzwidrige Handeln der Meister schon als Anlaß zur Geltendmachung der Ministerverantwortlichkeit im engeren Sinne ansieht, aber tut dies nur aus dem Grunde, weil er in solchen Fällen die ordentliche Gerichtsbarkeit für genügend findet[6]). Andere gingen

---

[1]) Siehe oben S. 33ff. [2]) Siehe oben S. 95ff. [3]) Siehe oben S. 96ff.

[4]) Siehe von Frisch, Die Verantwortlichkeit der Monarchen und höchsten Magistrate, 1903, S. 60ff.

[5]) Er dürfte hierin von B. Constants Ministerverantwortlichkeitslehre beeinflußt sein. Siehe über diese A. Dolmatowsky: Tübinger, Zeitschr. f. St., 1907, 63. Bd., S. 618.

[6]) Siehe Robert Mohl, Die Verantwortlichkeit der Minister in Einherrschaften mit Volksvertretern. Tübingen 1837, S. 147ff.

weiter als er und forderten als Tatbestand zur Begründung der Ministeranklage verfassungs- und gesetzwidriges Vorgehen. Diese konstitutionelle Doktrin beruht auf zwei Voraussetzungen:

1. daß die Dreiteilung der Gewalten in einem Staate, insbesondere in einer Monarchie, scharf durchgeführt werden könnte, und

2. daß die Verwaltung nichts weiter als Ausführung von Gesetzen sei. Nur unter dieser Voraussetzung war es möglich, dem Glauben anzuhängen, daß man die Minister in der Verwaltungstätigkeit immer fassen könne. War nämlich die Verwaltung nichts weiter als Ausführung von Gesetzen, dann konnte man sich wohl damit begnügen, den Grund einer Ministeranklage nur dann als gegeben anzusehen, wenn die Minister verfassungs- oder gesetzwidrig gehandelt hätten.

Wie aber, wenn, wie wir es heute wissen, Verwaltungstätigkeit doch etwas mehr ist, als bloße Ausführung von Gesetzen? Dann wäre natürlich der Minister für dieses andere Handeln nicht mehr durch das Verantwortlichkeitsgesetz und der Ministeranklage zu erreichen. Es müßte dann die ministerielle Schuld dem Arme des Richters ebenso unfaßbar sein, wie seinerzeit das ministerielle Handeln des Lord Sommers in England nicht unter einen strafbaren Tatbestand zu bringen war, weil die alten Siegelformen der Verantwortlichkeit für die moderne Verwaltungstätigkeit nicht mehr zureichten. Mit anderen Worten, ebenso wie am Ausgange des 17. und zu Beginn des 18. Jahrhunderts in England die alte, der Kanzleiverwaltung entsprungene Ministerverantwortlichkeit durch Siegel und Unterschriften nicht mehr für die Verwaltungstätigkeit des englischen Staates des 18. und 19. Jahrhunderts ausreichte, so konnte auch die von der konstitutionellen Doktrin geprägte Form der Ministerverantwortlichkeit nicht mehr ausreichen, wenn Verwaltung eben etwas mehr bedeutet als bloße Ausführung von Gesetzen.

In Deutschland verschloß man sich allerdings dieser Erkenntnis nicht, aber man war geneigt, die Verantwortlichkeit, welche den Minister in bezug auf seine Verwaltungstätigkeit traf, sofern diese mehr als bloße Ausführung von Gesetzen war, als bloße politische Verantwortlichkeit zu bezeichnen, der mit juristischen Formeln nicht beizukommen wäre. Als Mittel, solche politische Verantwortlichkeit geltend zu machen, mochte die Interpellation wohl angesehen werden, aber eine juristische Bedeutung wurde und wird ihr nicht zuerkannt[1]).

In parlamentarisch regierten Staaten kam man aber darüber hinaus. Man war hier durch die Macht der Tatsachen genötigt, die ganze Dreiteilung Montesquieus unwiderruflich über Bord zu werfen und auch die Lehre von der Verwaltung als bloße Ausführung von Gesetzen, die durch eine Ministeranklage und ein Ministerverantwortlichkeitsgesetz schon genügend kontrolliert würde, als hinfällig zu erkennen, denn, um es kurz zu sagen, in parlamentarisch regierten Staaten wechselten Parlament und Exekutive die Rollen, die ihnen Montesquieu und die Dreiteilungslehre zugewiesen hatten. Das Parlament verwaltet in der Hauptsache und die Exekutive setzt auch Rechtsnormen; allerdings mit Ermächtigung des Parlamentes, oder ohne solche in der Hoffnung, daß das Parlament ihre Setzung nachträglich, wenn auch stillschweigend, genehmigen würde. Hier ging es also nicht an, die Legislatur auf eine bloße gesetzgeberische Tätigkeit zu beschränken und die Interpellationen als etwas der gesetzgeberischen Tätigkeit Fremdes zu behandeln. Es war von vornherein klar, daß eben die Tätigkeit der Legislatur auch im weitesten Sinne ausgedehnte Verwaltungstätigkeit war. Hier ging es aber auch nicht an, die Minister bloß als ausführende Organe des gesetzgeberischen Willens anzusehen, da sie ja eine darüber weit hinaus reichende Verwaltungstätigkeit im Einverständnis mit dem Parlament resp. seiner Majorität zu leisten haben. Deshalb kam in parlamentarisch regierten Staaten die Ministerverantwortlichkeit, die durch Ministeranklage nach kontinentaler Weise geltend zu machen wäre, ganz außer Brauch und an ihre Stelle traten die parlamentarischen Mittel der Interpellation, motivierte Tagesordnung usw., wie z. B. in England, Italien, Frankreich und Spanien. In anderen Staaten, wie Schweden und Norwegen, übersprang man mit einem Satze alle Normen der konstitutionellen Doktrin und knüpfte die neueste Form der Ministerverantwortlichkeit, nämlich die durch geschäftsordnungsmäßige Mittel des Parlamentes, direkt an die alten Formeln der Kanzleiverwaltung und ihrer

---

[1]) Siehe Laband a. a. O., Bd. I, S. 284: „Politisch mag eine im Reichstag gestellte Interpellation von der höchsten Wichtigkeit sein; staatsrechtlich ist sie vollständig wirkungslos und ohne alle Bedeutung.“

Kontrolle an, freilich ohne die von der konstitutionellen Doktrin gelieferte Ministeranklage ganz zu ignorieren[1]. Das Interpellationsrecht kam aber hier wie in anderen parlamentarischen Monarchien zu seiner vollsten Geltung als Mittel der Verwaltungskontrolle.

Sollten wir aus dieser Entwicklung in den parlamentarisch regierten Staaten für uns selbst nicht etwas lernen können? Freilich, daran müssen wir, weil wir in einer konstitutionellen Monarchie leben, in der der Monarch alle Zweige der Staatsgewalt in seiner Person vereinigt, unverrückbar festhalten; die durch die geschäftsordnungsmäßigen Mittel des Parlamentes (Interpellation, Recht zu parlamentarischen Enqueten, Petitionen) geltend gemachte Ministerverantwortlichkeit darf dem Monarchen bei Bestellung seiner Minister niemals einen anderen Willen, nämlich den des Parlamentes, aufnötigen. Aber wir müssen auch einen Kardinalfehler der konstitutionellen Doktrin in unserer Frage aufgeben, das können wir von den parlamentarisch regierten Staaten lernen. Dieser Fehler besteht darin, daß wir, trotzdem wir nunmehr wissen, daß die Verwaltung nicht bloß Ausführung von Gesetzen sei, uns nicht bloß mit dem Verantwortlichkeitsgesetz und der Ministeranklage in des Wortes eigentlichster Bedeutung begnügen, sondern auch entsprechend dem erweiterten Begriff der Verwaltung intensivere Kontrollmittel ihr gegenüber fordern. Unter diesen Kontrollmitteln spielt das Interpellationsrecht eine große Rolle. Es handelt sich deshalb hier, dieses Kontrollmittel in seiner Bedeutung auch in den konstitutionellen Monarchien zu erkennen und Wege für seine weitere Ausgestaltung zu weisen. Die konstitutionelle Doktrin glaubte mit dem Ministerverantwortlichkeitsgesetz alles getan zu haben und verkürzte, unter diesem Vorurteil stehend, das Recht der Interpellation, drückte es zu einem „Pseudorecht" herab, das nur politische, nicht aber rechtliche Bedeutung habe. Dieses Recht ist aber viel mehr, wenn es nur gehörig ausgestaltet wird. Das lehrt die Entwicklung in den parlamentarisch regierten Staaten, die uns über den Irrtum der konstitutionellen Doktrin aufklärt. Welche Stellung sollen wir diesem Kontrollmittel im Rahmen der schon bestehenden Kontrollmittel der

[1] Siehe oben § 9 und 10.

Verwaltung zuweisen? Eine Antwort auf diese Frage gibt folgende Erwägung:

Wenn wir, alle die Monarchien überschauend, zwischen ihnen einen besonders charakteristischen Unterschied außer dem bereits in anderem Zusammenhange[1]) angeführten feststellen wollen, der gewissermaßen alle anderen mit einem Schlaglicht erhellt, so ist es der des Einflusses, den die bureaukratische Verwaltungsroutine in der Monarchie hat. In Rußland ist sie direkt rechterzeugend. Die Minister erlassen Verordnungen über den Rahmen des Gesetzes hinaus, sie entscheiden sogar Rechtsfälle der Verwaltung, von keiner Verwaltungs- oder anderen Gerichtsbarkeit kontrolliert, durch keine Rechtsvorschriften gebunden. Das sind hier die sogenannten juridiceskje ukasi[2]). Auch in der konstitutionellen Monarchie reicht der Arm der Gerichtsbarkeit resp. der Verwaltungsgerichtsbarkeit nicht immer so weit, um eine rechtswidrige Verwaltungsroutine, die dann schließlich als Gewohnheitsrecht wirkt, auszumerzen. Aber selbst in der parlamentarischen Monarchie, in England, finden wir sie in beträchtlichem Umfange als „officially-made-law" (siehe mein engl. Staatsrecht Bd. II, S. 648). Dem Idealbilde der Dreiteilungslehre würde ja allerdings entsprechen, daß der Träger der Gesetzgebung nur Recht setzt, der Träger der Verwaltung nur verwaltet, der Träger der Justiz nur Recht spricht. Die Praxis sieht aber anders aus, das Idealbild ist in der Monarchie nicht verwirklicht und auch nicht zu verwirklichen, weil die „pouvoirs", nicht aber die zugehörigen Organe getrennt sind. Deshalb finden wir hier überall eine Verwaltung, die auch Recht spricht, und, da sie keine Kontrolle resp. keine genügende richterliche Kontrolle hat, wird immer ein „officially-made-law" existieren. Nur in der Republik läßt sich diese Verwaltungsroutine kraft gesteigerter Realisierung der Dreiteilung der Staatsgewalt und kraft des sorgfältigsten Rechtsschutzes der sogenannten Freiheitsrechte von der Rechtserzeugung zurückhalten. Die Monarchie kann aber die Dreiteilungslehre in Praxis nicht so weit umsetzen, sie beläßt die Möglichkeit einer solchen rechtserzeugenden Verwaltungsroutine, sei es in Gestalt einer Rechtsprechung, die nicht nur nach Gesetzen vorgeht, sei es

---

[1]) Siehe oben S. 7ff.

[2]) Siehe darüber Korkunov, Russ. Staatsrecht, 1908, II., 249.

in Gestalt einer Verordnungsgewalt, die nicht immer in den Schranken gesetzlicher Ermächtigung sich hält. Da nun die bureaukratische Verwaltungsroutine in der Monarchie nicht zu vermeiden ist, so hat die parlamentarische Monarchie — und das ist ihr Hauptvorteil vor den anderen monarchischen Staatsformen — sie dadurch unschädlich gemacht, daß sie ihr die Parlamentspraxis, d. h. die Vorschreibung von Verwaltungsgrundsätzen durch Resolutionen des Parlamentes, übergeordnet hat. Weil diese Resolutionen in ihrer Wirksamkeit hier nur so weit angefochten werden können, als die jeweilige Parlamentsmajorität sie aufhebt, dieses Vorgehen aber durch die Maximen der Parteisitte bestimmt wird, so ist hier der bureaukratischen Verwaltungsroutine, die ja auch eine Art Parteisitte, nämlich eine solche der Bureaukratie ist, eine andere Parteisitte, nämlich die parlamentarische, vorgesetzt. Das ist, wie gesagt, der Hauptvorteil der parlamentarischen Regierung speziell in der Monarchie: die Unterordnung der bureaukratischen unter die parlamentarische Verwaltungsroutine.

Die Gefahr ist nur die, daß diese Parteisitte in selbstsüchtiger Weise ohne Rücksicht auf das Allgemeinwohl Verwaltungsgrundsätze aufstellt und sie der Exekutive aufoktroyiert, oder wie der schwedische Staatsmann H. Järta sagte:

> „Was könnte die Stände des Reiches hindern, einzubrechen in das spezielle Gebiet der Regierung, in die Selbständigkeit des Königs, in die Sicherheit jedes einzelnen Mitbürgers, die gegenüber dem Druck der schwankenden Parteien gewahrt werden muß?"[1])

Das brauchen wir in der konstitutionellen Monarchie nicht mitzumachen. Aber den Vorteil des Interpellationsrechtes in parlamentarisch regierten Ländern kann man auch für die konstitutionelle Monarchie erhalten. Und dieser besteht im folgenden. Man kann durch Interpellationen und Fragen an die Regierung im Parlamente die Minister zur Angabe ihrer Verwaltungsmaximen veranlassen, zur Mitteilung der Prinzipien, nach denen sie vorgehen, wenn sie für ihre Verwaltungstätigkeit freies Ermessen haben. Der Verwaltungsrichter kann gewöhnlich dieses freie Ermessen nicht nachprüfen, auch sonst gibt es keine Instanz, und es kann auch keine Instanz

[1]) Siehe oben § 9, S. 93.

geben, aber die Regierung kann durch Interpellationen veranlaßt werden, sich mit den Grundsätzen bei Betätigung dieses freien Ermessens festzulegen, nicht etwa derart, daß sie davon nicht wieder abgehen könnte, aber derart, daß, wenn sie davon wieder abgeht, dem Parlamente auch die Gründe, weshalb sie davon abgeht, bekannt gibt. Dazu sollen die Interpellationen dienen, so haben sie auch ihre Stellung in der konstitutionellen Monarchie neben der Verwaltungsgerichtsbarkeit, gewissermaßen als deren Ergänzung. Dadurch reißt das Parlament keineswegs Verwaltungstätigkeit an sich. Das Parlament in konstitutionellen Monarchien darf keine Verwaltungsgrundsätze, die für das Ministerium bindend wären, aufstellen; das wäre ja der Übelstand, den wir in parlamentarisch regierten Ländern kennen gelernt haben und vor dem wir uns hüten wollen. Das Parlament darf auch nicht Verwaltungsgrundsätze, die es selbst geschaffen, der Regierung aufoktroyieren, wohl aber darf es das Ministerium in der Handhabung seiner Verwaltungsmaximen kontrollieren[1]), und in dieser spezifisch kontrollierenden Tätigkeit erblicke ich die Hauptbedeutung des Interpellationsrechtes der konstitutionellen Monarchie. Deshalb muß es noch weiter ausgebildet werden, aber auch nach anderer Richtung hin. Dem Parlament soll es auch in der konstitutionellen Monarchie zustehen, über das Vorgehen der Minister seine Mißbilligung äußern zu dürfen; das ist doch nicht Aufoktroyieren eigener Verwaltungsmaximen, an Stelle der ministeriellen, aber es ist ein wirksames Mittel, um die Minister über ihren Irrtum, über ihre verfehlte Auffassung, wenn solche vorliegt, aufzuklären. Es ist also das Recht der motivierten Tagesordnung im Anschluß an die Interpellation einzuführen. Daß sich dieses sehr wohl mit der konstitutionellen Monarchie vereinigen läßt, zeigt das Beispiel Dänemarks. Als Antwortpflicht der Minister wird sich die Sanktion eines Interpellationsrechtes nicht leicht durchführen lassen. Eine solche Antwortpflicht haben wir nur in der unmittelbaren und der gewaltentrennenden

[1]) Diese Funktion der Interpellation finden wir schon in den spanischen Cortes von 1836 in dem Munde des keineswegs radikalen Marqués de Gerona: Diario de l. S. de Cortes Congreso de los Diputados 1846/7, t. II, p. 893: „el derecho de los Diputados para investigar la conducta del Gobierno; y el exámen de sus principios políticos y su applicacion práctica etc.“

Demokratie mitunter kennen gelernt; sie besteht nicht einmal in Frankreich und in den parlamentarisch regierten Monarchien[1]). Wohl aber läßt sich eine Sanktion des Interpellationsrechtes, um dieses nicht zu einer lex imperfecta zu machen, in einer Ausgestaltung der motivierten Tagesordnung erblicken, und die Sanktion für eine motivierte Tagesordnung wieder im Ministerverantwortlichkeitsgesetz suchen, dessen Formulierung hier nicht beabsichtigt ist. Nur eines sei bemerkt. Man muß sich die Sanktion, die ein Ministerverantwortlichkeitsgesetz einer motivierten Tagesordnung geben kann, nicht notwendig etwa so denken, daß ein Minister, über dessen Haupt wiederholt Mißtrauensvoten ausgeschüttet worden sind, schon deshalb unter Anklage gestellt werden müßte, weil er nicht nach der Wiederholung solcher Mißtrauenskundgebungen seinen Abschied genommen hat, aber vielleich so, daß Interpellationen, die wiederholt zu Mißtrauenvoten Veranlassung gegeben haben, doch ein brauchbares Material wären, um die Ministeranklage wegen Gefährdung des öffentlichen Wohles genügend zu fundieren[2]). Freilich drückt

[1]) Laband, a. a. O., S. 284, verlangt deshalb zuviel, wenn er erst mit der Existenz einer Antwortpflicht die Befugnis zu interpellieren als subjektives Recht anerkennen will.

[2]) Ich kann demnach der Ansicht von Jellinek, Verfassungsänderung und Verfassungswandlung, Berlin 1906, S. 42: „Die Erfahrungen, welche man mit den Instituten der Ministeranklage und den Staatsgerichtshöfen gemacht hat, lassen heute auch den Parlamenten in diesen Staaten die Ausgestaltung der Ministerverantwortlichkeit als eine rein doktrinäre Forderung erscheinen," nicht zustimmen. In seiner Broschüre „Ein Gesetzentwurf, betr. die Verantwortlichkeit des Reichskanzlers und seiner Stellvertreter nebst Begründung", Heidelberg 1909, vertritt er das Prinzip, daß der Reichstag dem Reichskanzler unter gewissen Umständen ein Mißtrauensvotum aussprechen kann und daß dies das Ausscheiden des Reichskanzlers aus dem Reichsdienste zur Folge haben soll. Dagegen läßt sich allerdings nicht der Einwand erheben, daß damit schon das parlamentarische Regime eingeführt würde. Aber die Detailformulierung dieses Prinzips scheint mir wenig glücklich. Zunächst soll der Bundesrat binnen einer Woche mit Stimmeneinhelligkeit den Reichstagsbeschluß aufheben dürfen; mir scheint, als ob Jellinek den Bundesrat zu sehr als Oberhaus behandelt, während er in der Tat doch mehr ist als das, nämlich Regierung. Gerade diese Tatsache bewirkte, daß man bei den Beratungen über den Gesetzentwurf, betr. die Errichtung und die Befugnisse des Rechnungshofes für das Deutsche Reich 1872 (Sten. Ber. d. Reichstags 1872, I., S. 210) Bedenken trug, die Erteilung der Decharge auch dem Bundesrat zu überweisen. Der Abg. Graf von Luxburg sagte damals:

„Wenn wir davon ausgehen, daß der Bundesrat bei der Reichsregierung einen gewissen Einfluß hat — und das müssen wir doch nach der Reichsman durch diese Ausgestaltung den Volksvertretern eine Waffe in die Hand, die leicht stumpf werden kann, wenn von ihr ein schlechter Gebrauch gemacht wird. Die Waffe kann stumpf werden,

---

verfassung; ... glaube ich, ist es konsequenter, hier, um den Rechnungshof ganz unabhängig von der Reichsregierung und ihren Organen und allem, was damit zusammenhängt, zu stellen, daß man die Decharge für diese Rechnung auch deshalb dem Bundesrat nicht mitteilt."

Dieses Bedenken, daß der Bundesrat eben auch Regierung ist, Vertreter des Souveräns, nämlich der verbündeten Regierungen, legte es damals nahe, ihn nicht zur Abnahme der Decharge für geeignet zu halten. Um so mehr trifft dieses Bedenken bei der Geltendmachung einer Ministerverantwortlichkeit in der von Jellinek bezeichneten Weise zu. Sonst wäre etwas Ähnliches geschaffen, wie das in einer Anzahl von Verfassungen ausdrücklich verbotene Abolitionsrecht des Monarchen gegenüber Ministeranklagen. Das zweite Bedenken ist, daß Jellinek gleichzeitig mit jenem Beschlusse des Bundesrats eine Auflösung des Reichstags verbunden wissen will. Er bemerkt zur Begründung dieses Vorschlages:

„Daß hierauf der Reichstag aufgelöst werden muß, ist eine selbstverständliche Folge des bundesrätlichen Beschlusses, weil nur dadurch ein dauernder Konflikt zwischen Reichsregierung und Reichstag vermieden werden kann. Kehrt die frühere Mehrheit in gleicher Stärke zurück, so wird die Entlassung des Reichskanzlers durch den Kaiser zu einer politischen Notwendigkeit."

Er sagt aber selbst an anderer Stelle (S. 13), es sei höchst unwahrscheinlich, daß die Reichstagsauflösung in solchem Falle dem Reichskanzler günstige Wahlen zur Folge hätte, glaubt also selber an die Wahrscheinlichkeit, daß die frühere Mehrheit in gleicher Stärke zurückkehren würde. Dann, meint Jellinek, sei die Entlassung des Reichskanzlers durch den Kaiser eine politische Notwendigkeit. Aber in diesem Falle befinden wir uns auch ohne einen Gesetzentwurf, wie ihn Jellinek vorschlägt. Einen Zweck hätte die Bestimmung der Auflösung nur dann, wenn durch Appell an das Volk der Bundesratsbeschluß endgültig überwunden werden könnte, falls die Majorität des neugewählten Reichstages sich wieder für das Mißtrauensvotum entscheidet. Schließlich gibt Jellinek meines Erachtens sich einer Selbsttäuschung hin, wenn er seine Formel zur Begründung der Verantwortlichkeit des Reichskanzlers, nämlich, daß dieser das ihm übertragene Amt der Verfassung und den Gesetzen entsprechend gewissenhaft wahrnehme und sich des Vertrauens, das sein Amt erfordert, würdig zeige, für weniger vag hält, als die von ihm gerügte Formel der „Gefährdung des öffentlichen Wohles". Ein Blick auf die Disziplinargesetze der Beamten zeigt, daß die Formel, die J. in absichtlicher Anlehnung an sie gewählt hat, alle möglichen disziplinären Tatbestände in sich faßt. Gemildert wird bei Disziplinargesetzen diese weite Fassung nur durch die Tatsache, daß für Beamte ein Standesbewußtsein entwickelt ist und daß dieses Standesbewußtsein einen Wächter hat, das judicium parium, das Disziplinargericht. Wo wäre aber für den Reichskanzler das judicium parium zu finden? Ich zweifle daran, daß der Bundesrat eines ist; aber am allerwenigsten kann als solches der Reichstag angesehen werden.

wenn das Haus nicht vernünftig zu interpellieren versteht und Interpellationen zu Obstruktionszwecken mißbraucht. Das erstere ist ebenso gefährlich wie das letztere. Ein Haus muß vernünftig fragen können, d. h. seine Mitglieder oder einzelne von ihnen müssen mit den einzelnen Zweigen der Verwaltung genau vertraut sein, um vernünftige Fragen zu richten. Der Amateur-Parlamentarier — der Dilettant — halte sich von Interpellationen fern! Er stumpft nur die parlamentarische Waffe ab. Zwar kann keine Geschäftsordnung der Welt den Dilettanten zum richtigen Parlamentarier machen. Aber der gesunde Sinn der parlamentarischen Körperschaft wird sehr leicht solches Interpellieren im wohlverstandenen eigenen Interesse verhindern. Doch vor dem anderen Mißbrauch der Waffe, vor der Obstruktion, muß man sich hüten, und das kann die parlamentarische Geschäftsordnung durch praktische Ausgestaltung des Interpellationsrechtes.

II. Die rechtliche Ausgestaltung des Interpellationsrechts in der parlamentarischen Praxis.

Diese hat, wie die historische Entwicklung in einzelnen Staaten lehrt, von drei Gesichtspunkten auszugehen:

Vor allem muß die Minorität in ihrem sogenannten Rechte, das nichts weiter als ein politisches Prinzip ist, vor der Vergewaltigung durch die Majorität geschützt werden, nicht weniger aber muß auf der anderen Seite die Majorität vor einer obstruierenden Tätigkeit der Minorität mittelst Interpellationen geschützt werden. Das hat ebenfalls die historische Entwicklung in den einzelnen Staaten gezeigt, sie hat aufgedeckt, wie solcher Mißbrauch namentlich in Spanien, Italien, Belgien, Österreich und anderen Staaten mit dem Interpellationsrecht getrieben wurde[1]). Daß in den Interpellationen eine ernste Gefahr für die übrigen gesetzgeberischen Arbeiten gelegen ist, zeigt wohl die neueste Statistik über die gestellten Fragen und Interpellationen in verschiedenen Parlamenten nach dem Berichte der niederländischen Geschäftsordnungskommission von 1906[2]):

[1]) Siehe darüber auch Masson, De l'obstruction Parlamentaire, Montauban 1902, S. 183ff. Siehe über Griechenlands Interpellationen (Επερωτήσεις) als Obstruktionsmittel: Revue du droit public, t. XV, 1900, p. 509.

[2]) Siehe Bijlagen Tweede Kamer zitting 1905/06, No. 214.

„In England wurden in 10 Sitzungen im Februar 1901 439 Fragen gestellt, in zehn Sitzungen im März 1905 587 Fragen. In Österreich vom 1. Januar 1901 bis zum 31. Dezember 1905: 9079 oder 24,6 in jeder Sitzung. Bloß 2946 von diesen gestellten Interpellationen wurden beantwortet. In Frankreich wurden vom 1. Juni 1902 bis zum 31. Dezember 1904 46 Fragen gestellt, die Anzahl der Interpellationen betrug 267, wovon 120 zur Verhandlung kamen. In Belgien wurden während der Session 1904—1905 586 Fragen gestellt, die Zahl der Interpellationen betrug 77.“

Diese Gefahr darf natürlich vor der Ausgestaltung des Interpellationsrechtes nicht zurückschrecken, man muß ihr nur vorbeugen, und es ist dieses der zweite Gesichtspunkt, unter dem eine praktische Ausgestaltung des Interpellationsrechtes vorzunehmen ist. Und der dritte Gesichtspunkt ist, den Ministerien den nötigen Schutz vor andringenden Fragen zu gewähren, die sie im Interesse des Staatswesens gar nicht oder nicht auf der Stelle beantworten können. In den konstitutionellen Monarchien muß aber auch Rücksicht nach der Richtung hin genommen werden, daß das Parlament sich nicht eine ihm nicht zustehende Funktion gegenüber dem Ministerium anmaße. Es darf z. B. nicht eigene Verwaltungsgrundsätze dem Ministerium auf dem Wege „motivierter Tagesordnungen“ vorschreiben. Nach diesen Gesichtspunkten hin werden wir im folgenden die einzelnen Stadien des Interpellationsverfahrens, wie sie aus dem Vergleiche der einzelnen Rechte sich ergeben, darstellen.

1. Zunächst finden wir in der Mehrzahl der parlamentarischen Geschäftsordnungen neuerer und neuester Zeit den Unterschied zwischen einfacher, formloser Frage und Interpellation, ein Unterschied, der in einigen Ländern wie z. B. in Spanien, Frankreich, Italien, Belgien und Holland eingeführt worden ist, um die Interpellationen von der Hauptmasse lokaler Detailfragen zu entlasten und sie nur für besonders wichtige öffentliche Fragen zu reservieren. Dieses scheint äußerst nützlich zu sein, weil es insbesonders bei richtigem Ausbau des Unterschiedes zwischen beiden Arten von Fragen auch ein wichtiger Schutzwall gegen parlamentarische Obstruktion sein könnte. Die Schwierigkeit liegt nur, wie schon

der belgische Kommissionsbericht von 1896—1897[1]) sagte, in der Formulierung der Abgrenzung der beiden Arten. Die parlamentarischen Geschäftsordnungen der Kulturstaaten haben zwei Wege beschritten, entweder den des formellen Kriteriums oder den des materiellen Kriteriums. Das formelle Kriterium, das den Unterschied zwischen den beiden Arten von Fragen bloß in der Form ihrer Zulassung findet, kann entweder darin bestehen, daß man für Interpellationen eine Genehmigung der Kammer verlangt, für die einfachen Fragen nicht. Dieses ist der Fall in Holland und Spanien. Oder das formelle Kriterium besteht in einer vorherigen Genehmigung der Frage durch den kompetenten Minister, die bei der Interpellation nicht notwendig erscheint, wie z. B. in Frankreich. Das materielle Kriterium ist eine Scheidung beider Arten von Fragen nach ihrem Inhalte derart, das die besonders wichtigen allgemeinen Fragen als Interpellationen, die minder wichtigen, lokalen oder Detailfragen, als einfache Fragen behandelt. Diesen Unterschied hatte schon der Entwurf der Geschäftsordnung, wie er von dem konstituierenden Cortes von 1836—1837 bezüglich des Interpellationsrechtes genehmigt war[2]). Heute hat dieses materielle Kriterium außer dem italienischen noch das belgische[3]) und englische Recht, wenn man in diesem die nach standing order 10 des Unterhauses gestellten Dringlichkeitsanträge als Interpellationen auffaßt. Das materielle Kriterium hat vor dem formellen entschieden Vorzug, aber es entsteht die Schwierigkeit, welcher Instanz die Entscheidung darüber zuzugestehen ist, ob das materielle Kriterium zutrifft oder nicht. Die einfachste Lösung wäre, diese Entscheidung dem Gutdünken der Kammer zu überlassen; aber täte man dieses, so käme man mit demjenigen der oben angeführten Gesichtspunkte ins Gedränge, der in der Interpellation einen Schutz der Minorität betrachtet, und deshalb muß man davon Abstand nehmen, die Kammer zum Richter, ob das materielle Kriterium zutrifft oder nicht, zu machen. Auch den Vorsitzenden der Kammer könnte man als Instanz denken, wie dies z. B in Portugal der Fall ist. Doch könnte er nur dann als unparteiische Instanz gelten, wenn er nicht selbst Parteimann wäre, wie es z. B. in England der Fall, wo der Vorsitzende (der speaker) den Partei-

[1]) Siehe oben S. 72. [2]) Siehe oben S. 69. [3]) Siehe oben S. 83.

interessen vollständig fernsteht, und, wenn auch nicht rechtlich, so doch faktisch eine Legislatur nach der anderen überdauert. Wo aber das Präsidium nach der Stärke der Parteien besetzt zu werden pflegt, da kann der Vorsitzende nicht jene Instanz sein, welche im einzelnen Falle zu entscheiden hat, ob eine Interpellation nicht eher als einfache Frage eingebracht werden müßte. Ein Ausweg nach der Richtung wäre vielleicht, die Entscheidung den nicht nach Parteirichtung, sondern durch Los zusammengesetzten Abteilungen des Hauses zu überlassen. Es würde sich hierbei vielleicht empfehlen, die Bestimmung der französischen Geschäftsordnung von 1867 wieder aufzunehmen, wonach eine Interpellation dann als solche, nicht als formlose Frage gestellt werden durfte, wenn etwa zwei bis vier Abteilungen sich nicht dagegen ausgesprochen hatten. Von diesen durch das Los zusammengesetzten Abteilungen könnte man wohl ein unparteiisches Urteil erwarten und da sie an und für sich in modernen Parlamenten keine besonderen wichtigen Funktionen zu erfüllen haben, wären sie als Art von Interpellationskommissionen doch vielleicht zu wirklichem Leben zu erwecken[1]).

Nicht bloß als Mittel zur Entlastung der Interpellationen von dem Gros der lokalen detaillierten Fragen dient die Unterscheidung zwischen Interpellation und formloser Frage, sondern sie hat noch folgende Bedeutung. Es könnte auch der Gegenstand der Interpellation in Form einer Frage gestellt werden und wenn der Minister eine genügende Antwort gibt, wäre der Fall erledigt. Man muß aber auch den Fall denken, daß der Minister die Beantwortung der Frage verweigert, dann hätten wir den Weg der Interpellation. Nun ist aber oben (I.) dargetan, wie wichtig die Stufenfolge der Mittel für das System der Ministerverantwortlichkeit ist. Wir haben oben angedeutet, daß eine Art von indirektem Zwang für die Beantwortung der Interpellation in der Möglichkeit des Antrages auf motivierte Tagesordnung erblickt werden könnte; wir haben ferner die Möglichkeit angedeutet, daß sich der Zwang zur Rücksicht auf

[1]) Siehe über einen ähnlichen Vorschlag für das Reglement der französischen Deputiertenkammer Jules Simon, Revue politique et parlementaire, 1894, Bd. I, p. 15. Doch müßte darauf geachtet werden, daß schon eine ansehnliche Minorität der Abteilungen genüge (z. B. drei von sieben Abteilungen), um das Veto auszusprechen. Sonst könnte das Veto der Abteilungen gar zu leicht illusorisch werden.

eine motivierte Tagesordnung vielleicht in einem Ministerverantwortlichkeitsgesetz formulieren ließe. Ebenso könnten wir die Möglichkeit der Interpellation als indirekten Zwang zur Beantwortung der einfachen Frage ansehen. Das wäre die Ökonomie der parlamentarischen Rechtsmittel zur Geltendmachung der Ministerverantwortlichkeit, die durch ein Ministerverantwortlichkeitsgesetz allein nicht zu erreichen ist. Diese Stufenfolge wäre also: einfache Frage — Interpellation — motivierte Tagesordnung — Ministeranklage.

2. Die Frage, ob das Interpellationsrecht als Individualrecht des einzelnen Abgeordneten oder als Kollektivrecht mehrerer Abgeordneten oder als Recht der Kammer formuliert werden soll, haben die verschiedenen Länder verschieden beantwortet. Je mehr sich ein Staat der Demokratie nähert, desto mehr wird er das Individualrecht, d. h. das Recht jedes Abgeordneten, ohne Rücksicht und unabhängig von der Zustimmung der Kammer seine Interpellation zu stellen und die Diskussion darüber herbeizuführen, ausbilden. Am vollendetsten ist dieses Individualrecht in Frankreich, Spanien, Belgien, Ungarn und Italien gegeben. In anderen Staaten wie in Deutschland, Preußen, Österreich, England, ja selbst in der Schweiz ist die Unterstützung der Interpellation von Seite einer Anzahl von Mitgliedern erforderlich. Endlich haben andere Staaten die Interpellation als Recht der Kammer gewissermaßen ausgestaltet, so Holland, Dänemark, Schweden, Norwegen. Gegen die Ausgestaltung des Interpellationsrechts als Individualrecht spricht die Möglichkeit der Obstruktion. Die Unterstützung durch eine Anzahl von Mitgliedern hat bloß problematischen Wert, denn setzt man die Ziffer der zur Unterstützung notwendigen Mitglieder ziemlich hoch, dann verfehlt die Interpellation ihren Zweck als Schutz der Minorität, und setzt man sie möglichst niedrig, dann läuft sie im großen und ganzen auf ein Individualrecht hinaus, denn die wenigen Unterschriften werden bei den Parteifreunden immer zu holen sein. Gegen die Ausgestaltung des Interpellationsrechtes als Recht der Kammer, d. h. gegen das Verlangen der Genehmigung durch das Haus spricht die Möglichkeit der Vergewaltigung der Minorität durch die Majorität. Sie hat sich auch, wie wir sahen, nur in wenigen Staaten erhalten. Empfehlenswert wäre vielleicht

am ehesten noch die Ausgestaltung als Individualrecht, wenn nur die oben erwähnte Kautel geschaffen würde, das die Unterscheidung zwischen einfacher Frage und Interpellation vorgenommen und durch die unparteiischen Abteilungen der gesetzgebenden Körperschaften kontrolliert werden könnte.

3. Die Form der Einbringung einer Interpellation ist in allen Ländern die schriftliche mit kurzer Angabe des Gegenstandes. Eine Verlesung in der gesetzgebenden Körperschaft ist untunlich, wie sich das z. B. in Österreich gezeigt hat und führt leicht zu Obstruktion; hingegen wäre Drucklegung empfehlenswert und kurzer Hinweis des Präsidenten auf die gedruckten Beilagen. Die schleunige Mitteilung des Interpellationsschriftstückes an das kompetente Ministerium ist in allen Geschäftsordnungen vorgeschrieben. Vermieden muß es werden, daß das Bureau der gesetzgebenden Körperschaft resp. der Vorsitzende eine Interpellation zu lange liegen lasse[1]). Deshalb schreiben die meisten Geschäftsordnungen die Ankündigung der Interpellation in der Sitzung vor, in der sie eingebracht ist, oder spätestens in der darauffolgenden.

4. Dem Präsidenten wird in den meisten Geschäftsordnungen ein umfassendes Zurückweisungsrecht der Interpellation eingeräumt. Sehr entwickelt ist es in Holland und England gegenüber einfachen Fragen. Aber unangebracht wäre es gegenüber Interpellationen, wenn diese schon durch das Sieb der Abteilungen hindurch gegangen sind. Hingegen wird man dem Präsidenten wie in Frankreich ein solches Zurückweisungsrecht von Interpellationen gegenüber offenkundig verfassungswidrigen Interpellationen wohl zugestehen müssen. Das Zurückweisungsrecht des Präsidenten auch auf bloß gesetzwidrige Interpellationen auszudehnen, scheint nicht ratsam, namentlich, wenn das dem Präsidenten zur Seite stehende Bureau keine juristische und staatsrechtliche Vorbildung besitzt. Immer aber müßte selbst bei der Beschränkung auf bloße Verfassungswidrigkeit

---

[1]) Wie z. B. in Dänemark, wo aus dem Mangel einer zeitlichen Grenze hierfür sich ein souveränes Recht des Vorsitzenden ausgebildet hat, die ihm unrichtig scheinenden Interpellationen überhaupt unter den Tisch fallen zu lassen. So lauten die Mitteilungen, die ich durch freundliche Vermittlung von den Bureaus der dänischen Kammern erhalten habe. Dieses Recht wird aus der Tatsache abgeleitet, daß es nach der Geschäftsordnung des Folketing § 34 und der Landsting § 8 Sache des Vorsitzenden ist, die Tagesordnung zu bestimmen.

der Appell an das Haus offen stehen, wie dieses z. B. auch in Frankreich der Fall ist.

5. Für die Beantwortung der Interpellation muß eine Fristsetzung nach doppelter Richtung hin erfolgen. Einmal muß das Parlament sich selbst befristen, indem es eine Garantie dafür bietet, daß die eingebrachten Interpellationen innerhalb einer bestimmten Frist zur Verhandlung kommen. Sodann muß auch für die Erklärung des Ministers, ob er die Interpellation beantworten wolle oder nicht, ein Zeitraum durch die Geschäftsordnung gesetzt sein. Die erste Form der Befristung ist in manchen Geschäftsordnungen des Kontinents vorgesehen, aber in beinahe allen fehlt es an einer Bestimmung, was zu geschehen habe, wenn der Minister weder positiv noch negativ erklärt, ob er die Interpellation beantworten wolle. Was nun die erste Art der Befristung anlangt, so haben die Geschäftsordnungen in Italien, Frankreich und Belgien die sogenannte Kantonierung (cantonement) eingeführt. An einem bestimmten Tage der Woche müssen die ausstehenden Interpellationen erledigt werden. Frankreich hat aber noch außerdem als Schutzmittel der Minorität vor Vergewaltigung die sogenannte Monatsfrist eingeführt, d. h.: Interpellationen müssen innerhalb eines Monates nach ihrer Einbringung zur Diskussion gestellt werden. Wir haben aber gesehen, daß in der Praxis sich dieses gar nicht durchführen läßt, weshalb man vor einer Nachahmung der französischen Bestimmungen wohl abraten könnte. Hingegen wird wohl gegen die Einführung des Cantonements, wie es z. B. in Italien praktiziert wird, nicht viel eingewendet werden können. Nur zwei Bedenken ergeben sich: Entweder wird im Drange der parlamentarischen Geschäfte der Tag für Interpellationen nicht beobachtet werden; eine stramme Handhabung der Geschäftsordnung durch den Präsidenten wäre eine genügende Kautel, vielleicht mit dem Zusatze, daß von der Bestimmung der Geschäftsordnung, welche dieses Cantonement vorschreibt, nur mit $^{2}/_{3}$ Majorität abgegangen werden dürfte. Oder es könnte gegen das Cantonement geltend gemacht werden, daß es mitunter zu Zeitvergeudung führt, namentlich wenn die für den Interpellationstag bestimmten Interpellationen entweder zurückgezogen oder sonst schon erledigt würden, ohne daß die ganze Zeit der Tagessitzung mit Arbeit ausgefüllt würde. Davor

kann aber, wie das italienische Muster zeigt, eine Bestimmung schützen, wonach die an einem Interpellationstage zur Diskussion stehenden Interpellationen in der Sitzung vorher angegeben werden müßten, sodann eine Norm ebenfalls nach italienischem Vorbild, wonach im Falle der rascheren Erledigung der für den Tag festgesetzten Interpellationen die übrigen parlamentarischen Geschäfte in dem Stadium aufgenommen werden könnten, wie sie die vorangegangene Sitzung zurückgelassen hatte. Bei der Frist für die Erklärung des Ministers muß man alle nötigen Rücksichten walten lassen, insbesondere ist eine Bedenkzeit auszusetzen, wie dieses alle Geschäftsordnungen tun. Sie könnte sogar auf einen längeren Zeitraum als zwei Tage nach der Ankündigung bemessen sein, wenn nur die Kautel der italienischen Geschäftsordnung übernommen würde, wonach, wenn der Minister keine bestimmte Antwort gibt, ob er die Interpellation beantworten wolle oder nicht, die Präsumtion einzutreten hätte, daß er die Interpellation annehme. Freilich ein Zwang, die Interpellation zu beantworten, ließe sich auch dann nicht feststellen, aber er wäre vielleicht indirekt durch die Vorstellung herbeigeführt, daß der Minister, der absichtlich eine ausweichende Antwort gibt, von vornherein Verschleppungstendenzen hat, was bei der Diskussion der Interpellation entsprechend gerügt werden könnte. Schließlich würden wir auch einer geschäftsordnungsmäßigen Befristung das Wort reden, die das italienische Recht kennt und die darin besteht, daß Interpellationen nach einer bestimmten Zeit, seitdem sie auf die Tagesordnung einer Sitzung gesetzt sind, sagen wir z. B. drei Monate, von dem Abgeordneten, der sie eingereicht hat, weiter verfolgt werden müßten, wenn sie nicht unter den Tisch fallen sollen. Die Einführung dieser Befristung ist immer dann nötig, wenn das Cantonement eingeführt ist. Denn sonst können Scheininterpellanten die Interpellationen ernster Interpellanten blockieren, d. h. ihrer Beratung den Weg versperren, wie das in Italien bis 1907 der Fall war. Auch für Initiativanträge gilt in Italien das gleiche. Auch in diesem Punkte könnte man da und dort die italienischen Bestimmungen nachahmen.

6. Was die Diskussion im Anschluß an die Interpellation anlangt, so haben wir zwei Systeme in den parlamentarischen Geschäftsordnungen vorgefunden, entweder das Prinzip der unbe-

schränkten Diskussionsfreiheit, wie z. B. in Frankreich und anderen Staaten, oder das Prinzip der beschränkten Diskussion (discussione ristretta), so namentlich in Italien, Spanien, Portugal, Ungarn und Belgien. Wenn man einerseits die Interpellationen von dem Gros der lokalen und minder wichtigen einfachen Fragen entlastet und sie durch das Sieb der Abteilungen passieren läßt, dann ist kein Grund für eine beschränkte Diskussion einzusehen; am allerwenigsten wäre aber das spanische Muster zu empfehlen, wonach drei Redner pro und drei Redner contra zuvorderst gesprochen haben müssen, ehe der Übergang zur Tagesordnung gestattet ist. Es könnte ja der Fall gesetzt werden, daß bloß die Redner contra sich zum Worte meldeten und daß obstruierende Interpellanten ihre Parteigenossen derart instruieren, daß bloß ein Dauerredner pro zum Worte kommt. Man müßte, um diesen Übelstand zu verhindern, den Schluß der Debatte herbeiführen, und zwar würde sich dieser Schluß der Debatte dann nicht gegen die Obstruktionisten, sondern gegen die wohlmeinenden Parlamentarier richten, Übelstände, die man schon in der spanischen Praxis 1838 erfahren hatte. Auch der discussione ristretta der italienischen Deputiertenkammer reden nicht einmal die Italiener das Wort, sondern die Tendenz geht dahin, auch hier die unumschränkte Diskussionsfreiheit einzuführen[1]). Ein sehr zweckmäßiges Mittel, um Obstruktion bei der Diskussion von Interpellationen zu verhindern, ist die Möglichkeit der Zusammenlegung mehrerer konnexer Interpellationen zu einer Diskussion, wie sie in Frankreich und in Italien (hier „Raggruppare“ genannt) üblich ist. Über die Konnexität von Interpellationsgegenständen entscheidet hier allgemein die Kammer, es wäre aber in Erwägung zu ziehen, ob nicht auch diese Entscheidung den Abteilungen der gesetzgebenden Körperschaft überlassen werden könnte.

7. Als Resultat der Diskussion müssen, wenn die Interpellation als wirkliches Recht ausgestattet werden soll, Beschlußfassungen im Anschluß an die Interpellation zugelassen werden. Dieses ist auch in allen Geschäftsordnungen, ausgenommen in Deutschland und Österreich, der Fall. Daß in Dänemark wirkliche Beschlußfassung stattfindet, trotzdem die Geschäftsordnung dies scheinbar

---

[1]) Siehe Atti parlamentari Camera dei Deputati, Sitzung vom 12. Dez. 1907, Legislatura XXII, I. Sessione, p. 18 251, Redner Ferri.

verbietet, haben wir oben gezeigt. Das dänische Vorbild wäre deshalb empfehlenswert, weil Dänemark eine konstitutionelle und keine parlamentarische Monarchie ist. Nur müssen die Beschlüsse im Anschluß an die Diskussion einer Interpellation derart sein, daß sie nicht eine Anmaßung des Parlamentes, Verwaltungsgrundsätze aus eigener Initiative aufzustellen, bedeuten. Motivierte Tagesordnungen im Anschluß an die Diskussion einer Interpellation wären also zuzulassen, aber sie dürfen bloß eine Kritik der von der Regierung festgestellten Verwaltungsgrundsätze bedeuten. Der Versuch, positive Vorschriften der Regierung machen zu wollen, müßte zurückgewiesen werden. Das Zurückweisungsrecht muß auch den Abteilungen zugestanden werden, so daß motivierte Tagesordnungen, ehe sie zum Beschluß erhoben werden, schleunigst an sie verwiesen werden sollten. Wenn sich nicht etwa drei (bei sieben) Abteilungen gegen die vorgeschlagene Fassung einer motivierten Tagesordnung aussprechen, soll die Beschlußfassung des Hauses darüber zulässig sein. Dies wären die maßgebenden Gesichtspunkte bei der Ausgestaltung des bestehenden Interpellationsrechtes.

8. Bezüglich der Fragen wären vielleicht ebenfalls einige Kautelen am Platze. Zunächst möchten wir auch einer Kantonierung des Parlamentes bei der Beschäftigung mit einfachen Fragen das Wort reden, wie dieses z. B. in England und nach englischem Vorbild in Italien und Belgien der Fall ist. Sodann wäre in Erwägung zu ziehen, ob nicht auch eine schriftliche Beantwortung der Fragen, wie in England, zulässig sein sollte, wenn der Abgeordnete sich selbst mit einer solchen schriftlichen Beantwortung zufrieden gibt. Schließlich würden sich namentlich zur Verhütung von Obstruktion die Vorschriften der belgischen Geschäftsordnung empfehlen, wonach einfache Fragen von nicht mehr als drei Abgeordneten unterschrieben werden dürften, um nicht über eine einfache Frage, die an und für sich in summarischer Weise erledigt werden muß, gleichsam eine Diskussion in verschleierter Form herbeizuführen. Eine Umwandlung der Fragen in Interpellationen ist in manchen Geschäftsordnungen, z. B. in Frankreich, aber auch in Belgien mit Zustimmung der Kammer zulässig. Die Geschäftsordnung des spanischen Deputiertenkongresses und der 2. Kammer Hollands scheint sie auszuschließen. Es läßt sich eine solche Umwandlungsmöglichkeit durch die Kammer nicht befür-

worten. Übereiltes Vorgehen hierbei ist nicht ausgeschlossen und könnte die mißlichsten Folgen haben, namentlich, wenn man der Interpellation das schwere Geschütz der motivierten Tagesordnung anfügt. Anders wäre es ja allerdings, wenn die Abteilungen auch hierüber befragt würden, aber im Effekte käme das doch nur der Einbringung einer neuen Interpellation an Stelle der Frage gleich und der Effekt der Umwandlungsmöglichkeit in continenti, wie dieses in Frankreich möglich ist, wäre auf die Weise nicht gegeben. Deshalb können wir dieser Umwandlungsmöglichkeit das Wort nicht reden.

III. Das Recht und die Pflicht des Geschäftsordnungsgebers zur Regelung der Interpellationen.

Die Frage, die hier erörtert wird, ist wiederholt aufgeworfen worden und besteht kurz in folgendem. Kann die parlamentarische Geschäftsordnung aus eigener Macht das Recht der Interpellation regeln, wenn es in der Verfassung nicht ausdrücklich anerkannt ist? Ein Rückblick auf die vorangegangene, vergleichende Darstellung des Interpellationsrechtes in den verschiedenen Kulturstaaten wird wohl die Überzeugung hervorgerufen haben, daß diese Frage entschieden zu bejahen ist. In Frankreich, Belgien, Schweden, Italien Spanien und Portugal, im Deutschen Reiche schweigt die Verfassung über das Interpellationsrecht, trotzdem ist es in den Geschäftsordnungen dieser Länder ohne weiteres anerkannt. Die Schranke, die für den Geschäftsordnungsgeber, d. i. für das Parlament, nach dieser Richtung hin besteht, ist, daß es nicht über den Kreis seiner Mitglieder hinaus durch die Regelung der Interpellationen Pflichten auferlegen darf. Denn dadurch würde die Geschäftsordnung, die bloß ein internum corporis ist, zu einer Quelle des Rechtes neben Verfassung und Gesetz, was unzulässig erscheint. Die Geschäftsordnung darf also den Ministern nicht Pflichten auferlegen, sie darf ihnen zunächst keine Antwortpflicht auferlegen wollen. In der Schweiz, wo solche besteht, ist sie durch Bundesgesetz auferlegt, in den mittel- und südamerikanischen Republiken, wo diese Antwortpflicht ebenfalls besteht, ist sie sogar durch Verfassung festgesetzt. Der Geschäftsordnungsgeber darf dieses aus eigener Machtvollkommenheit nicht tun. Fraglich kann es nur sein, ob der Geschäftsordnungsgeber dem Minister eine Reaktionspflicht auferlegen darf, d. h. die Pflicht, auf die Interpellation überhaupt zu reagieren, selbst bloß in Form der einfachen Ablehnung der Interpellation.

Georg Meyer[1]) und mit ihm andere Schriftsteller verneinen die Reaktionspflicht für den Fall, wenn die Verfassung überhaupt vom Interpellationsrecht nicht spricht. Diese Meinung erscheint unzutreffend aus doppeltem Grunde. Zunächst ist es unrichtig, daß die Aufnahme einer Bestimmung über die Interpellationen in die Verfassung schon eine Reaktionspflicht begründe. Die Praxis in einigen Staaten zeigt das Gegenteil[2]). Aber auch folgende juristische Erwägung führt zu dem gleichen Resultat. Durch Aufnahme der Reaktionspflicht in die Bestimmungen der Geschäftsordnungen wird nur scheinbar eine Pflicht der Regierung im juristischen Sinne aufgestellt. In Wirklichkeit handelt es sich hierbei nur um die Aufstellung von Schranken, daß die dem Reichstag zur Verfügung stehende Beratungszeit nicht durch langwierige Behandlung von Fragen und Interpellationen gestört wird. Diesen Schranken sind, wie allen Schranken, die eine Geschäftsordnung auferlegt, natürlich die Mitglieder der parlamentarischen Versammlung, aber auch die Minister, sofern sie an den Beratungen der parlamentarischen Versammlungen teilnehmen, jederzeit unterworfen. Für die Minister ist kein Privilegium von den Schranken der Geschäftsordnung prinzipiell gegeben, ausgenommen dort, wo die Verfassung dieses ausdrücklich vorschreibt. Es wäre z. B. unzulässig, mit Berufung auf die Geschäftsordnung, den Ministern das Wort abzuschneiden, wenn die Verfassung ausdrücklich vorschreibt, daß sie jederzeit gehört werden müssen.

---

[1]) Siehe Meyer-Anschütz, Lehrbuch des deutschen Staatsrechts, 6. Aufl., Leipzig 1905, S. 299. Doch wirft Meyer die Antwortpflicht und Reaktionspflicht durcheinander, indem er beide unter der Bezeichnung „Verpflichtung" zur Beantwortung zusammenfaßt. Dieses ist falsch, denn sie sind beide von verschiedener juristischer Natur, wie weiter oben im Texte gezeigt wird. Laband, a. a. O., S. 284, spricht nur von der Antwortpflicht, ohne auf die Frage der Reaktionspflicht überhaupt einzugehen.

[2]) Siehe z. B. Österreich. Der oben angef. Art. der „Frankfurter Ztg.", Nr. 360 v. 29. Dez. 1908, zeigt, wie die Praxis in Österreich dahin geht, daß Interpellationen, wenn sie von kleinen Parteien ausgehen, überhaupt von den Ministern nicht beachtet zu werden pflegen. Der Bericht des Geschäftsordnungsausschusses v. J. 1903 wünscht gerade eine ausdrückliche Formulierung der Reaktionspflicht (siehe oben). Und Österreich hat eine ausdrückliche Bestimmung über Interpellationen in die Verfassung aufgenommen.

Aber im allgemeinen muß die Geschäftsordnung mit ihren Schranken auf die Minister ebenso angewendet werden und diese sich ihr ebenso unbedingt unterwerfen, wie die Mitglieder der parlamentarischen Versammlung selbst. Es ist z. B. ständiger Brauch des preußischen Abgeordnetenhauses, daß der Präsident Ausdrücke der Minister beanstandet oder als unparlamentarisch bezeichnet; ja sogar der Ordnungsruf wurde gegen den Ministerpräsidenten ausgesprochen[1]). Die Reaktionspflicht der Minister ist auch nichts weiter als eine Schranke, die die parlamentarische Geschäftsordnung bei Normierung des Interpellationsrechtes ohne weiteres auferlegen darf. Ebenso wie sie von ihren Mitgliedern verlangen kann, daß diese die Interpellationen nicht zur Obstruktion mißbrauchen, ebenso kann sie auch von den Ministern verlangen, daß sie die geschäftsordnungsmäßige Behandlung nicht aufhalten, und der Ausdruck hierfür ist die Auferlegung der sogenannten Reaktionspflicht. Dementsprechend haben auch die Geschäftsordnungen der italienischen und ungarischen Deputiertenkammer, unter den kontinentalen Geschäftsordnungen die einzigen, eine solche Reaktionspflicht den Ministern auferlegt, wie wir oben gesehen haben. Soviel über das Recht der parlamentarischen Versammlung, beim Schweigen des Verfassungsgesetzgebers über Interpellationen Bestimmungen zu treffen.

Sie hat aber nicht bloß das Recht, sondern in ihrem eigenen wohlverstandenen Interesse auch die Verpflichtung hierzu. Die parlamentarische Entwicklung in den Ländern des Kontinents, aber auch in England, hat gezeigt, daß, wenn für Interpellationen kein ausreichender Modus der geschäftsordnungsmäßigen Behandlung vorgeschrieben ist, er sich auch ohnedies durch die Macht der Tatsachen Geltung verschafft. So waren in England die Interpellationen schon lange zuvor in Übung, ehe noch die Standing Order 10 des Unterhauses durch Stellung von Dringlichkeitsanträgen (das ist die englische Form der Interpellation im eigentlichen Sinne) sie zuließ. In Frankreich verfiel man in den 20er und 30er Jahren des 19. Jahrhunderts auf den Gedanken, durch Adressen an den König ein Surrogat für Interpellationen zu schaffen, ebenso in Spanien, wie wir oben gesehen haben. In Schweden hat sich ein Interpellationsrecht aus-

[1]) Siehe Plate, Die Gesch.-Ordn. des preuß. Abgeordnetenhauses, Berlin 1904, S. 195.

gebildet ohne gesetzgeberische Regelung, in der ersten Kammer sogar ohne durch die Geschäftsordnung vorgesehen zu sein. Auch motivierte Tagesordnungen des Reichtages sind hier einfach durch die Macht der Praxis und nicht auf geschäftsordnungsmäßigem Wege entstanden. In Italien waren Interpellationen schon seit 1848 in Übung, trotzdem die Geschäftsordnung beider Häuser des subalpinen Parlamentes sie nicht offiziell anerkannte. Verschließt der Geschäftsordnungsgeber sich dieser Macht der Tatsachen, dann gerät die Geschäftsordnung auf Abwege, d. h. es werden Institute derselben, die ganz anderen Zwecken dienen, gerade für das Interpellationsrecht ausgenützt; so seinerzeit die Adreßform in Frankreich und Spanien, so die Antragsform in der preußischen Nationalversammlung von 1848, so die Stellung von Dringlichkeitsanträgen im heutigen England und Österreich, die Budgetverhandlungen in Italien, Holland und anderen Staaten. Solche Entartung der Institute einer Geschäftsordnung müssen von dem Geschäftsordnungsgeber sorgfältig vermieden werden, und zwar aus doppeltem Grunde. Einmal veranlassen sie viel Zeitvergeudung, das lehrt die historische Entwicklung. Bei der Verwendung von Adressen in Frankreich und Spanien in den 20er und 30er Jahren des 19. Jahrhunderts, von Anträgen in Preußen im Jahre 1848, von Dringlichkeitsanträgen in Österreich, von Budgetverhandlungen in Holland und Italien wurde und wird immer über die Langwierigkeit der so verschleierten Form der Interpellationsdebatten geklagt. Sodann veranlaßt solche Entartung einzelner Institute der Geschäftsordnung leicht Obstruktionspolitik, indem die Mitglieder der Versammlung daran gewöhnt werden, die Institute der Geschäftsordnung nicht für jene Zwecke zu benutzen, für die sie bestimmt sind. Jedenfalls muß der Geschäftsordnungsgeber sich hüten, solchen Glauben unter seinen Mitgliedern zu verbreiten. Insbesondere muß er sich davor hüten, Dringlichkeitsanträge als Surrogate für Interpellationen neu einführen zu wollen, wie dies mitunter in der Presse vorgeschlagen wird. Damit wäre ja schon gleich die Entartung von Geschäftsordnungsinstituten bei ihrer Geburt gegeben. Bei der Regelung des Interpellationsrechtes darf der Geschäftsordnungsgeber der Erkenntnis sich nicht verschließen, daß hierbei soziale Verhältnisse im Spiele sind, die, wenn sie nicht von vornherein in ausreichender Weise geregelt werden, durch die Macht der Tatsachen sich durchzusetzen wissen.

Kolibri 360 GmbH
Ferdinand-Jühlke-Straße 7
99095 Erfurt, Deutschland
produktsicherheit@kolibri360.de